ちくま新書

組織戦略の考え方

——企業経営の健全性のために

沼上 幹
Numagami Tsuyoshi

396

組織戦略の考え方——企業経営の健全性のために

【目次】

はじめに

　エレクトロニクスなどの一部製造業で日本企業が世界最高水準の競争力をもつに至ったのは一九八〇年前後だったように思われる。当時は、日本製の半導体メモリーの不良率が米国社製のものよりも格段に低いとか、多様な家電製品で世界市場を制覇しているとか、華々しいニュースを頻繁に目にしていた。

　ただし、一九八〇年前後に日本が一部の領域で世界最高水準に到達したとは言っても、日本がそれ以前にダメだったというわけでもなければ、この頃に全面的に良くなる切っかけがあったわけでもない。日本は徐々に向上してきたのに対して、アメリカの製造業が八〇年前後に停滞し、八〇年代前半に急速に弱体化した、というのが筆者の印象である。実際、一九七〇年代前半までの米『エレクトロニクス』誌などを見てみれば、アメリカは製品技術でも製造技術でも先端的であったのに、レーガノミクスの影響ゆえであろうか、八〇年代に入ってからどうも調子が悪くなっていったように思われる。

　だから、日本が良かったというよりも、「日本にも良い面はあったが、アメリカには大いに問題があった」と言うべきだったはずである。しかし当時は『ジャパン・アズ・ナンバーワン』（エズラ・ヴォーゲル著、一九七九年）とか『セオリーZ』（ウィリアム・オーウチ著、一九八一年）といった日本及び日本企業礼賛論が注目を浴びていた。世の中の論調は「日本型経営が全面的に優れている」という方向に自然に流れていった。「勝って兜の緒を締めよ」。本来ならこの時点で日本的経営の問題点をもっと研究しておくべきだったのだろうが、その後も八〇年代後半から始まる急速な円高を通じて世界最大の債権国になり、異常な好景気が続くバブル期も到来し、日本の論壇では「日本的経営は優れている」という基本路線が継承されていった。

ところがそれから数年後、バブルが崩壊すると、世の中の論調は一気に変わっていった。こんどは「日本企業はあらゆる点でダメだ」と言うのである。アメリカ企業があらゆる点で優れたモデルとして君臨し、日本企業はアメリカ企業のようではないからダメなのだ、という主張が頻繁に聞かれるようになった。

たしかにアメリカ企業が良くなったという側面は多々あることと思われる。だから情報技術（IT）の活用法等々、「アメリカ企業から学べ」というメッセージには社会的にプラスの面が存在することも分かる。しかし、日本企業の絶賛から日本企業の全否定までのワンサイクルを青年時代から中年に至る間に同時代史として経験し、その間に経営学研究者として生きてきた筆者にとっては、この種のサイクルが虚しく見えてならない。

日本企業の業績が良いときはアメリカ企業相手に「日本に学べ」と主張し、日本企業の業績が悪くなると日本企業に対して「アメリカに学べ」と主張する。おそらくアメリカでバブルが崩壊して景気後退局面になれば、また論調は一転するのだろう。このサイクルに沿って、あるいはその一歩前を先取りしてバンドワゴンに乗るような仕事をするというのは筆者の趣味に合わない。

本書の中には、日本の組織が劣化していくプロセスの記述がたびたび出現する。その意味では、「だから日本企業はダメだ」と思われる読者もいるかもしれない。しかし筆者は、日本企業が良いとか、悪いとか、といった議論を展開するつもりで本書を書いているのではない。むしろ正確に言えば、次のような問題意識に基づいて書かれていると言うべきであろう。すなわち、「日本の組織が劣化していくことがよくあるのを知っているけれども、日本の組織の本質的な部分を維持しながら、どうにかこうにかダメにならずに経営していくにはどうしたらいいのか」という問題意識である。

ここで言う「本質的な部分」というのは、コア人材の長期雇用を前提とする、ということである。コア人材の長期雇用を前提とする限り、組織運営にはいろいろな問題が生じてくる。たとえば長年一緒にいる人が多いので、厳しい評価差を出しにくく、何となくいい加減な評価に陥ってしまう可能性が高い、といった問題である。

しかし長期雇用を本気で中心的な部分だと考えて書かれたアメリカ製の組織論の教科書は存在しない。だからアメリカ製の教科書をベースにした日本の組織論の教科書にも、長期雇用を前提にすると、どういう問題が出てきて、どう対処すれば良いのかという議論は出てこない。多くの日本の企業人たちが長期雇用をいまだに大事だと考えているのに、少なくともコア人材の長期雇用だけは死守しようとしている会社が多いのに、それが組織運営にもたらす影響についていろいろ思索をめぐらせている組織論の書物は少ない。

もちろん本書はこの種の問題を体系的に解決したものではないが、少なくともこの問題を考え続けて書きためてきたものではある。だから、体系的に答えが書いてあるわけではないけれども、日本の組織運営に悩んでいる人々にとって多少とも役に立つところもあるのではないかと思っている。

また、長期雇用を前提としたという特徴だけではなく、「自分で経営する上で何に気を付けるべきか」という問題を常に考えたというところにも筆者は大いにこだわったつもりである。日本の論壇にせよ、学者たちにせよ、いわゆる「野党」的なところが目立つ人が多い。つまり、自分で責任を負って何かをやるつもりはないけれど、他人のやることに常に批判だけ行なうという人のことである。

Aという案を採用すれば、「なぜA案を採用したのか」とケチを付け、採用しなければしなかったで「なぜ採用しなかったのか」と批判する。戦後日本の教育システムの下では、「それが教養のある人の態度である」という「常識」を身につけて育ってきた人が多い。自分では何ら新しい企画を出してくることなく、他人が提出してきた企画に批判を加えるだけの人材が日本の組織には大量発生している。「この企画はダメなのだが、○○という見るべき点も一応あることを指摘しておくべきであろう」とか、「この企画は良いのだが、□□という問題もあることを指摘しておかざるを得ない」といった保険をかけた結論で終わり、結局自分はどうするつもりなのかはっきりしない人が多いのである。

戦後教育で育ってきた筆者自身にもその傾向はあるのだが、しかし、できる限り、自分で実践する際に何に気を付けて生きていくかという問題に対して何らかの指針を出せるように注意したつもりである。「こうすればうまくいく」という確約ができるほど確実性も具体性も高いことは書けないのだが、問題となっている状況の背後のメカニズムを解明し、問題状況を打開するための基本指針を思考の手がかりとして提出することくらいは頑張って行なったつもりである。

問題に対する解答は、各人がその場その場で自分の頭で考えて出していくべきものだ。だから経営学は答えを教える学問ではない。しかし経営学における理論的思考は、各人が自分の置かれた状況を分析する際の指針とか思考の手順程度のものは提供できると筆者は考えている。

その意味で、本書のタイトルを『組織戦略の考え方――企業経営の健全性のために』とすることにした。各人が自分で自分の組織についてどのようにアプローチしていくのかという自分なりの戦略を作れるように、そのための読み筋を示唆する本にしたかったのである。どの章も、人々の相互行為が織りなす社会現象をワンステップずつ読み込んでいく作業を展開しているので、当初は『組織の読み方入門』というシンプルなタイトルを考えていたのだが、『組織戦略の考え方』の方が組織を自分で考え、自分で担っていくという主体性をより強く強調できるように思われる。「戦略」という言葉には主体性のニュアンスが込められているのである。

なお、本書は三部構成になっている。前半の第1部は組織に関する基本的な議論を集めてある。組織設計の基本や動機付けの基本と、それがいろいろ誤解されているということを解き明かすことがそこでの主たるネライである。第2部は、いろいろな角度から日本的な組織の劣化が議論される。たとえばフリーライダーの問題とか、権力の問題、ルールの複雑怪奇化など、日本の組織にしばしば見られそうな問題を第2部で取り上げてある。第3部は、組織の腐り方についての総括的な分析と、それに対する診断・対処法について考察をめぐらせている。

第1部の第1章から順番に読み進めていただくことを想定してはいるが、必ずしも順番にこだわる必要はない。若干の例外的な部分を除いて、各章はそれぞれ読み切りのものとして独立に読めるはずである。だからつまみ食いしながら読んでいただいても、問題はさほど生じないはずである。大事なことは読む順番ではなく、ワンステップずつ筆者の読み筋に付き合っていただく論理的な丁寧さである。ワンステップずつ丹念にお読みいただければ幸いである。

第１部

組織の基本

第1章　組織設計の基本は官僚制

†嫌われ者の「官僚制」

「官僚制」という言葉は忌み嫌われている。市役所等のお役所で、杓子定規な対応をされて腹が立った経験があるから「官僚制」が嫌いだという人もいるだろう。あるいは自分がミドル・マネジメントに位置していて、厳しいヒエラルキーの秩序があって身動きがとれずに、「まったくわが社は官僚的でダメだ」と思う人もいるだろう。要するに、官僚制と言えば、規則とヒエラルキーがその象徴であり、そのどちらも自分たちの自由を縛る悪いモノだというイメージが定着しているのである。

嫌われ者の「官僚制」は何かと言えば攻撃対象に選ばれる。たとえば、「社員の自由を縛るのが官僚制であり、官僚制を打破しさえすれば、われわれはもっと自由に、もっと創造的になれるはずだ」という官僚制批判は、社内に不満が鬱積すると必ずといって良いほど声高に叫ばれることになる。たしかにこの種の官僚制批判は一部当たっている部分もあるのだが、全面的に賛成できるほど根拠のある批判だとは言い難い。

「当たっている部分もある」と言うのは、たとえば古く伝統のある企業には、ルールを盲信している人が多すぎるように思われる場合がたしかにあるからである。設立後長い年月がたつにつれて、官僚制機構は多数の細かいルールを蓄積していく傾向がある。多数の細かいルールが蓄積されると、常識的には正しい判断を下したつもりでも、ルール上は間違った判断になってしまうことがある。「ルール上間違っている」と指摘され、追いつめられてしまう可能性もある。

とりわけ社内で政治的に対立が生じている場合など、この「ルール違反」は格好の政争材料を提供することになる。だから下手に機転を利かせて考えるよりも、ルールに忠実に生き、自分の頭で常識的に考えて判断するのをあえて止めてしまうという人の数が増える。こういう同僚や上司を見ていると、たしかに「官僚制は悪い組織だ」と思えてくるのだろう。

しかし、どのような組織にも良い面と悪い面がある。かなりの年月を経て老化した官僚制に悪い面が多く見られるからといって、官僚制を馬鹿にしてしまい、むしろ組織設計の基本中の基本を忘れてしまうのは問題である。官僚制は組織設計の基礎であり、その基礎ができていない組織は凡ミスを多発する。消費者もマスコミも法律も、みな非常に「うるさ型」になっている現代社会では、凡ミスを多発するような組織は他に多少のメリットがあっても生き残れない。組織の末端で生じた凡ミス、暴挙、その処理に関するマネジメントのミス等々、最近の企業スキャンダルを見れば、この点は明らかであろう。

社内改革運動のスローガンだけなら良いが、本気で官僚制を打破してしまったら、凡ミスを多発する組織ができ上がり、その結果として破滅が待っている。だから、むしろ官僚制の基本を良く理解して、その基本中の基本部分だけは堅持した方が得策である。

†創造性・戦略性を支える足腰

まず官僚制にも良い面があることを確認しておこう。「官僚制＝悪」という観念を払拭するには簡単な実例で説明するのが良さそうだ。

たとえば、ケビン・コスナー主演の『13デイズ』（二〇〇〇年末に公開）という映画を見た人もいるだろう。この映画は、ケネディ大統領時代に米ソが核戦争に突入するかと思われた恐怖の一三日間を描いたものだ。多くの人の注目は、国のトップに位置する人々の主張と議論、最後の決断といったところに向けられる。だから、「なぜそもそもキューバに核ミサイル基地が建設されていることが分かったのか」という疑問を持つ人はあまり多くないのかもしれない。

実は、ソビエトがキューバに核ミサイル基地を建設中であるという確証が得られたのは、ソビエト国内の核ミサイル基地と同型のものが、キューバの地上を撮影した航空写真に写っていたからであった。この航空写真を撮影したのは、アメリカの高高度偵察機U－2である。いまでは人工衛星に役割を奪われたけれども、当時はキューバ・ミサイル基地を撮影したり、ソビエト上空を飛んで撃墜されたりと、U－2はいろいろなところで注目を集めていた。

「なるほど、アメリカの軍事技術はスゴイ」と感心していてはダメだ。なぜなら少し考えれば当たり前のことなのだが、U－2のような偵察機の作戦成功は単に航空機技術だけに支えられているものではないからだ。実は、U－2活躍の背後には巨大な組織機構が存在していたのである。

たとえば、写真を撮影しただけでは偵察にならない。その写真を現像して引き伸ばし、それを細かくチェックしなければならない。U－2が撮影してくるフィルムは想像以上に長尺である。同機が一回の飛行で撮影してくるフィルムの長さは一・四キロメートルもあり、分析のために引き伸ばして広げると幅六メートル×長さ二六キロメートルの写真になる。これほど大量の写真をチェックして、ミス無く、しかも迅速に、核ミサイル基地を確認するには、かなり大きな、しかもしっかりした組織が必要である。

　ここで「しっかりした組織」と言っているのは、各人が自分で判断できる問題をほとんど自動的にミスなく解決し、判断に迷う問題を即座に上司の判断に委ねる、といった一連の作業を至極当たり前のように遂行する組織のことである。基本的な判断のルールをしっかり守る人々が、何階層かのヒエラルキーで結びつけられた組織、すなわち、官僚制組織である。この官僚制機構の完成度が高かったから、U-2の作戦が高い成果を達成し、レベルの高いインテリジェンス（諜報）活動があったがゆえに、大統領たちの意思決定も迅速に、適切に行なわれていたということを忘れてはならないのである。

　老化した官僚制機構ばかり考えるので「官僚制＝悪」と思いこむことが多いのだが、実際には優れた官僚制機構を念頭に置くと、いろいろ良い面もあることは明らかであろう。まず第一に、創造性や戦略性が官僚制組織という足腰に支えられていることを再認識できる。巷では、「官僚制組織が創造性や戦略性を圧殺する」と信じられているようだ。しかし、それは「老化した官僚制」に当てはまることかもしれないが、健全な官僚制には当てはまらない。実は官僚制組織がしっかりとできているから、その足腰の上に創造性や戦略性の発揮が可能になるのである。

　もし官僚制機構がしっかりしていなければ、その分だけ不正確な情報に基づいて組織が行動しなければならなくなったり、部下のミスから発生した問題の処理に上司の時間が無駄に費やされたりする。その結果、より創造的な仕事をするべきスタッフや、より戦略的な仕事をするはずの経営管理者までミスの処理に走らされたりする。ミスの多い組織には創造性や戦略性を求めることなど不可能である。過剰にルールに縛られたり、ヒエラルキーを尊重しすぎるのも問題だが、それを破壊したからといって創造性や戦略性が手に入るわけではないのだ。

実際、ケネディ政権が適切な戦略的意思決定を行なった背後には、航空写真解析を初めとする優れた官僚制機構という足腰の強さがあったのだ。もし航空写真解析にミスや見落としが多く、また時間も長くかかっていたら、ケネディ政権の意思決定があれほど素早く、あれほど適切に行なわれていたかどうか疑わしい。

†危機管理を考える前に

第二に、効率的で信頼性の高いアウトプットを生みだす組織の基本モデルは今でもやはり官僚制組織だということも確認しておきたい。新しい組織設計上の工夫に意味がないと主張しているのではない。ここで言いたいのは、いろいろな組織設計上の工夫は、「官僚制を打破して、官僚制を代替するべく」行なわれるのではなく、むしろ「官僚制に付加する形」で追加的に行なわれる、ということである。

きちんとした官僚制組織を構築しているか否かが今でも企業経営の基本である。実際、スキャンダラスな話題になってしまった日本企業の事件は、その根本的なところで官僚制組織の基本ができていなかったことに本質的な原因があるように見受けられる。

たとえば乳製品による食中毒事件を二〇〇〇年の六月に起こした雪印乳業を例にとってみよう。大阪工場ではマニュアル通りに洗浄作業が行なわれておらず、大樹工場ではマニュアルに記されていない異常事態（停電）が生じていたのに判断を仰がずにそのまま作業を進めてしまった。マスコミは、主として問題発覚後の社内の混乱や処理のまずさなど、事件性の高い部分に注目して批判を展開したのだが、この事件の本質は官僚制組織の基本ができていないことにある。

「先進国である日本の大企業では官僚制機構の基本は当然出来ているに違いない」と思いこんでいる人が多いのであろう。マスコミは事件後の処理のまずさなどを攻撃し、他の日本企業も危機管理について真剣に考え始めたりしていた。しかし、そういった問題に注目する前にまず官僚制の基本をチェックするべきであろう。

実態として、多くの日本企業は官僚制組織の基本ができているとは限らない。あるいは、かつて基本はできていたのに、バブル経済とその崩壊後のドタバタでタガの弛んだ会社も少なくないはずだ。それゆえ、他社が不幸にも起こしてしまった事件を見たら、スキャンダルへの対処法や危機管理など新しい課題を考える前に、まず自社の官僚制機構が精確かつスピーディに仕事を処理できる機構になっているかどうかを真剣に考え直すべきであろう。

もちろん事件に対処するためばかりではない。創造性や戦略性を強調する政策をとろうと考えている企業も、まず自社の官僚制機構という足腰のチェックをするべきである。官僚制組織という足腰が揺らげば、どれほどきらびやかな戦略も絵に描いた餅にすぎないのであり、そもそもミスへの対処に忙しくなって、戦略を考えるヒマなどなくなってしまうのである。

†官僚制組織の基本モデル

それでは官僚制組織設計の初めの一歩は何か。それは簡単に言ってしまえばプログラムとヒエラルキーである。

まずプログラムから説明しよう。組織は毎日繰り返し出現するような仕事に直面したときに、毎回「どうやって解決しようか」などといちいち考えたりはしない。毎回新たに考えるのであれば組織など作ってもそれほどメリットはない。組織を作るメリットが出てくるのは、まさに繰り返し出現する問題を解決する手順やルールがあらかじめ決められていて、各人が自分に割り振られた役柄をそれぞれきちんとこなせば、大量の複雑な仕事を驚くほど効率的に、しかも信頼性高く遂行できるというところにある。

一回その手順とルールの全体＝プログラムを開発し、皆がその実行に慣れ親しめば、その組織は非常に複雑な作業をいとも簡単に成し遂げることができるようになる。かなり高度な仕事を効率的・効果的に遂行する上でプログラムが重要な役割を担うのである。しかも同じ案件に関しては、常に同じ処理をしてくれるのだから、人の気まぐれに左右されることなく顧客に対して平等に信頼性高く対応することができる。これも組織をつくるメリットである。

「あの人には○○という対応をしたのに、私には□□という態度ではフェアではない」というクレームは今日の社会では訴訟問題にまで発展しかねない。その意味ではプログラムを忠実に実行し続けてくれる社員たちは、一見何ら創造的な貢献をしていないように見えるとしても、実は会社を守るという大事な仕事をしているということを忘れてはならない。

しかし、組織が直面する問題は常に全面的に同じものだとは限らない。世の中にはやはり例外というのが必ずある。類似の例外が多数出てくるのであれば、例外対処もまたプログラム化できるし、一度でも処理したことのある例外は次回からは前例として組織メンバーの記憶に残り、簡単に処理可能である。しかし、あらゆる例外がそのように簡単に処理できるほど世の中は甘くはない。

かなり定型から外れた、新奇性の高い例外が発生した場合、プログラム通りに組織は動けなくなるので、その都度皆で考え、相談しなければならない。しかし全員で相談するのは効率が悪い。だから第一線で働いている人たちが直面した例外事象は、その上司に報告され、その判断によって処理されることになる。その「上司」も判断に迷うようなら、その上の上司に、さらにそのまた上の上司に、というように判断の難しい問題はヒエラルキーを上に登っていって解決される。

まず仕事の多くをプログラム化し、そのプログラムで対応できない例外をヒエラルキーによってその都度上司たちが考えて処理する。これが組織設計の基本中の基本である。より複雑な先進的組織は、すべてこの基本から出発し、この基本の上に様々な要素を付加していった結果として生まれるのである。官僚制の基本モデルよりも複雑な組織は様々存在するが、官僚制の基本モデルを欠いた組織など組織として存続し得ないのである。

†ルーチンワークは創造性を駆逐する

官僚制の基本モデルを維持したまま、多様な組織的工夫が追加的に構築されていくのが組織設計の基本である。この点を確認するために、組織設計の基本を簡単に紹介しておこう。官僚制機構の直面する環境不確実性に対応して、官僚制機構の基本にプラスして様々な複雑化が進められていく。その様子を見ていくのである。

環境の不確実性が高まると、どのような複雑化が必要になるのだろうか。組織が直面している環境の不確実性が高いということは、繰り返し同じ問題が出現するのではなく、例外的な事象が頻繁に生じてくるということを意味する。例外的な事象が頻繁に出現すれば、プログラムで自動的に処理できる仕事は減り、ヒエラルキーを上に登って判断を仰がなければならない事態が頻発するようになる。

あまりにも多数の例外事象が発生すると、組織内を上下に流れる情報が過剰になり、上司たちが自分の頭で考える時間がどんどん減っていってしまう。これが極端なところまでいくと、トップ・マネジメントまで日常業務の例外処理に追い回されるようになる。その企業が長期的に存続し、成長していく上で必要なことを考える人が一人もいなくなってしまう。

そもそも人間は、目の前に大量のルーチンワークを積まれると、その処理に追われ、創造的な仕事を後回しにしてしまう傾向がある。創造的な仕事とは、仕事のやり方自体を根本から変えるとか、長期的な展望を描いてみるといった作業のことである。「ルーチンワークは創造性を駆逐する」。ハーバート・サイモンの言う意思決定のグレシャムの法則（計画のグレシャムの法則）である。つまり、日々ルーチンな仕事に追われている人は、ルーチンな仕事の処理に埋没して長期的な展望とか革新的な解決策とかを考えなくなってしまう、ということである。

膨大なルーチンワークが存在し、それに追われている状況というのは、背後に何らかの構造的な要因があることを意味しており、本当は何が本質的に問題なのかを考えなくてはならないはずなのに、それを考える余裕がない。「貧乏ひまなし」だから、「貧すれば鈍する」のである（もちろん逆に、暇が多くなった組織では、「小人閑居して不善を為す」という問題に直面することもある。忙しすぎるのも暇なのも、どちらも問題がある）。

不確実性が高まり、例外処理のためにヒエラルキーがパンクしはじめると、組織全体が意思決定のグレシャムの法則にはまりこんでしまう。管理者・経営者たちが目先の例外処理に追われ、長期的なことや抜本的な改革を後回しにし始めるのである。個人が意思決定のグレシャムの法則に陥りそうになったら、正月休みにでもゆっくり考える暇を作るという手ぐらいしか対応策がない。しかし組織にはもう少し構造的に問題を解決する方法が残されている。構造的な解決法は、大まかに言うと、図1に示されているように五つある。

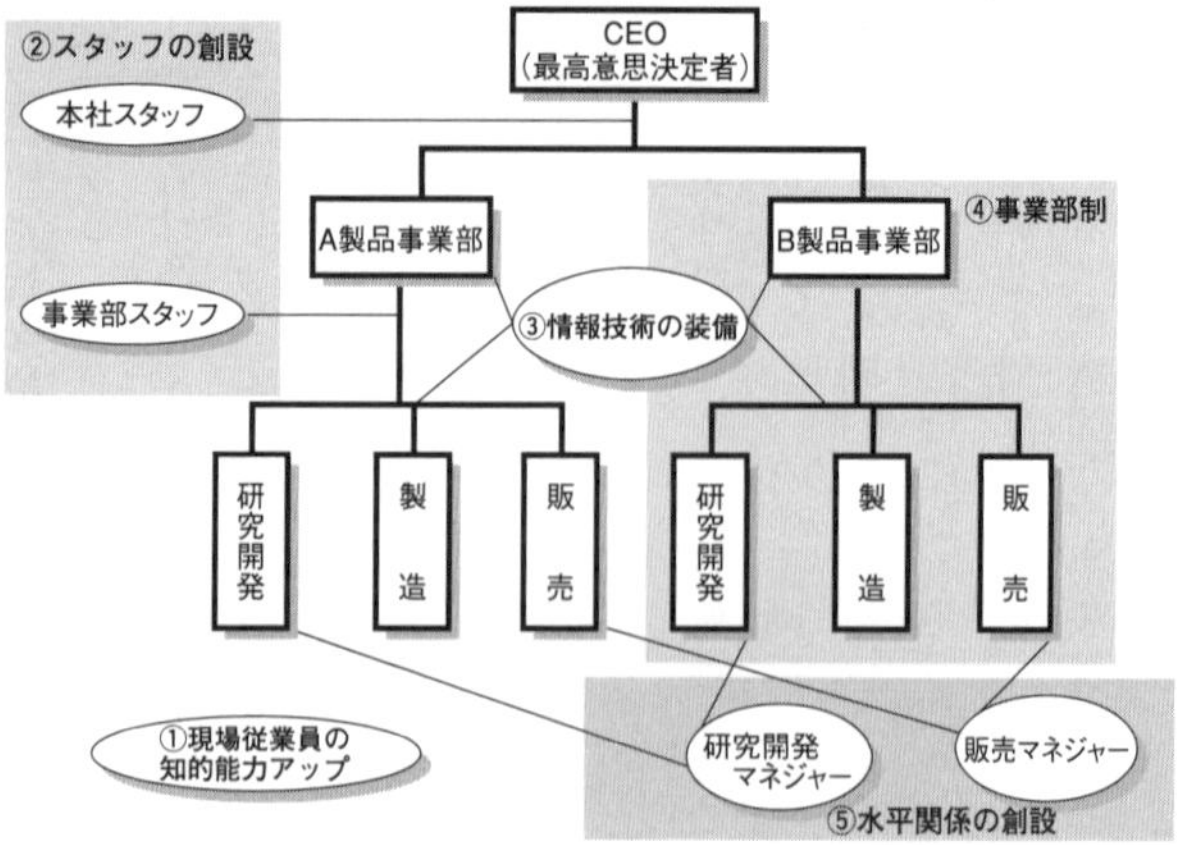

図1　官僚制に追加される組織的工夫

†現場従業員の知的能力アップ——構造的解決法①

まず第一に現場の例外対処能力を向上させるという手がある。ヒエラルキーが例外処理でパンクしているのだから、例外処理をなるべく上司に頼らずに現場で自ら解決するようにするのである。たとえば簡単な仕事から徐々に難しい仕事を覚えさせ、多能工化していくキャリアを積ませると、現場の従業員が成長し、いちいち上司に相談しなくても自分で例外処理できるようになる。こういう多能工的な熟練した従業員が一課に一人いれば、課長の手を煩わすまでもなく多くの例外事項を処理できるようになるだろう。

もちろんあらゆることを現場に任せきりというのは、管理がずさんになってしまう。だから、例外処理のやり方そのものは現場に任せるが、例外処理の結果として達成される業績そのものについては、目標数値を明確に提示するなど、目標管理が行なわれるのが普通である。いずれにせよ、現場の知的能力が高ければ高いほど、ヒエラルキーを上に登っていく例外案件の数は減り、管理者・経営者はより本質的な議論を戦わせることができるようになる。

†スタッフの創設――構造的解決法②

第二に上司自身の例外処理能力を高めるために、意思決定を行なう上司に補佐役を付けるという手がある。例外処理という新たな意思決定を行なうプロセスを簡単に示すと、①問題の認識→②情報の収集→③情報の分析→④選択肢の生成→⑤選択→⑥組織内正当化プロセス→⑦命令・決定の伝達といったものになるはずだ。この中で上司自身がやらなければならないのは、①問題の認識と④選択肢の生成、⑤選択、⑥組織内正当化プロセスぐらいであろう。②情報の収集や③情報の分析、⑦命令・決定の伝達などは他の人に任せても良い。

これらの仕事を秘書やスタッフに任せることができれば、これまで例外処理に追われていた上司は随分時間に余裕ができるはずである。経営管理者は、自らの貴重な能力を最も必要とされる仕事に集中して用いることができるようになる。こうして、秘書やスタッフを意思決定者のサポート役として設置することでヒエラルキーの例外処理能力は高くなる。ライン・アンド・スタッフ・オーガニゼーションという組織の基本形は、まさにこのような意味があって形成されるのである。

†情報技術の装備――構造的解決法③

三番目の解決策は情報技術（IT：Information Technology）を駆使して、人間と組織の情報処理能力をアップさせるものである。情報技術の導入によって、例外処理の効率化が可能になる理由は二つある。ひとつは皆が会社の基本方針や最新の財務データ、市場データ、製品の在庫状況などの情報をリアルタイムに共有できると、情報の収集や分析をスピーディに行なうことができるようになるだろうし、関連する人々への意思決定内容の伝達も簡単になるであろう。先に紹介したスタッフや秘書の増設による意思決定者の意思決定能力アップを情報技術で行なうという状況に近い。

二つめの理由は、例外処理をするために直接会って話し合わなければならない人どうしが、必ずしも直接会合を持たなくても、メールでやりとりすることで問題が解決できてしまう場合がある、ということである。おそらくe-mailがもたらした最大のメリットは、非同期のコミュニケーションが容易になったという点であろう。電話や会議などでは、問題解決に関連する人々が同時に同じ時間を共有して話し合わなければならなかったが、e-mailはお互いに時間が空いているときにやりとりすればよい。

さらに高度な情報処理システムを導入することで、本来人間が処理していたプログラムを機械に処理させるという手がある。これまでいちいち発注書や請求書、納品書等々を自分で書き、それのカーボン・コピーを関連部署に送り、会計数字の入力を行ない、売れた分だけ在庫がなくなったことを記入し、次の生産に必要な部品の調達を行ない、といったことを人力でやってきた。情報技術はこういった官僚制機構の基本部分を一回の入力で済ませることを可能にする。その意味では、近年の情報技術はこれまで下級ホワイトカラーが行なってきた事務処理の官僚制機構を大幅に代替するという側面がある。

うまく情報技術を活用できれば、ルールの体系に基づいた行動（プログラム）を情報技術に任せ、その分だけ現場の人間が例外処理により多くの時間を割くことができるようになる。そうなれば、①の「現場従業員の知的能力アップ」と組み合わせることで、現場レベルで大量の例外処理が可能になり、その分だけヒエラルキーの上層部は例外処理から解放され、より創造的・戦略的な思考を巡らすことができるようになるはずである。

ただし、もちろん、「うまく情報技術を活用できれば」という仮定が重要であることは注意しておくべきであろう。この部分が出来なければ、情報技術への投資はムダ金になり、却って現場の混乱を招くだけということになる。

†事業部制（あるいはより小規模で自律的な組織ユニット）――構造的解決法④

第四番目の解決策は、垂直分業と呼ばれるものである。つまり、ヒエラルキーをまず大まかに上部と下部に分け、下部ヒエラルキーには例外処理を担当させ、上部ヒエラルキーには長期構想を担当させるのである。より具体的に言えば、事業部制を採用して、事業部のトップの仕事と、本社のトップの仕事を分ければよい。

組織論の基本を学んだことのない人は、事業部制というと分権的組織だと簡単に片づけてしまうことが多いが、事業部制の本質的な特徴は、日常業務の処理と戦略的な課題とをそれぞれ事業部と本社に分割する点にある。日常的に生じる問題の解決をすべて行なえるだけの資源を事業部に与えて自律的な事業単位とし、その解決を事業部に委ねることで、逆にトップ・マネジメントは日常的な業務に忙殺されることなく長期的な展望を描き、成長戦略を練り、新たな課題を探索することができるようになるのである。

ここで注意しておかなければならないのは、各事業部の中身そのものは官僚制モデルそのものであって、事業部制は官僚制を否定して生じる分権的組織ではない、ということである。この点は通常の日本的事業部制よりも高い自律性を付与されたカンパニー制も、まったく同じである。各事業部・カンパニー内部の官僚制の部分が崩壊すれば、日常的な例外処理作業から解放されていたはずのトップが戦略を考えられなくなることは明らかだろう。

†水平関係の創設――構造的解決法⑤

既存のプログラムに基づいて例外を処理できず、ヒエラルキーを上に登る情報量が増えすぎると組織が思考停止状態になる。そのため、わざわざヒエラルキーの上に向かって情報を伝達しないで、関連する部門どうしでお互いに調整すればヒエラルキーを上下に流れる情報が過剰に大量になるのを防ぐことができる。現場の人間が責任感の強い人であれば、まず当初は、知り合いのツテをたどるなどの方法で直接会って自分たちで問題を解決するという、最も単純なやり方が自然発生的に出現するはずだ。しかし、そのうちもっと不確実になったら、やはりフォーマルな組織の仕組みを考える必要が出てくるだろう。

たとえば関連する部門の人間が一遍に集まって知恵を出して例外的な問題を解決するプロジェクトが作られたり、よりフォーマルに調整を行なうプロダクト・マネジャーが設置されたりする。あるいは、図1に示されるように、既に事業部制が敷かれている場合、事業部の枠を越えて研究開発部門や販売部門を統合・調整することで例外事象を解決することができる場合、事業軸とは別に職能軸を担当する機能別マネジャーが採用される場合もある。プロダクト・マネジャーや事業部長といった製品―市場サイドの責任者と、研究・販売・製造等の機能別のマネジャーが同等な権限をもった組織をとりわけマトリクス組織と呼ぶ。

†官僚制の基本骨格は消えない

以上の五つの追加的な組織の工夫はすべて、プログラムとヒエラルキーという官僚制機構の基本骨格に取って代わるのではなく、その基本骨格の上に肉付けされるものだという点は何度も強調しておく必要がある。

たとえば、IT技術を積極的に取り入れることで、これまでの垂直的なヒエラルキーは滅び去り、水平的なネットワークの時代になっていく、というタイプの議論は誤りである。たしかに垂直的なヒエラルキーの果たす役割が弱まり、水平的なネットワークが重要な情報伝達経路になるのだが、それでもプログラムとヒエラルキーが消えるわけではない。ヒエラルキーがよりフラットな形になるとしても、組織が組織として行動する限り、何らかのプログラムに基づいて行動し、誰か責任を負える地位にある人が例外を判断せざるを得

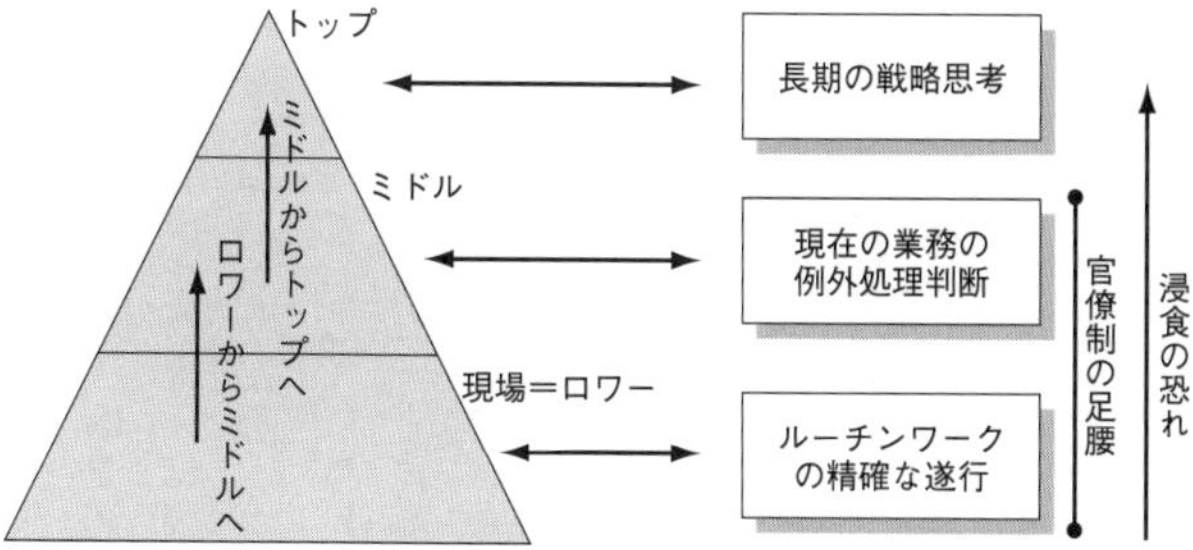

図２　組織階層別の役割

ない。官僚制の基本骨格が消えてしまうというのは幻想なのである。

実際、官僚制機構の基本骨格が腐ってしまうと、その官僚制機構が処理できる例外案件の数が減り、その結果、上の五つの基本的な追加措置をもってしても例外案件を処理しきれなくなるという問題が起こり得ることに注意するべきであろう。基本的な作業をルールに基づいて処理し、例外を上司に判断してもらう、という官僚制機構の基本骨格がしっかりしているからこそ、追加的な措置も有効性を発揮し、組織の仕事遂行力が高まるのである。

†人材育成の基本

さて、官僚制機構設計の基本に対応して人材育成の基本も決まってくる。図2に示されているように、各階層ごとに必要な役割を果たせるように育成すればよいのである。すなわち、①決まり切った仕事を注意深く処理し、若干の例外的な状況に創意工夫で対応できる知的熟練者の育成、②例外的事象を鋭く分析し、バランスのとれた決断を遂行できる管理者層の育成、③戦略を思考できるトップ・マネジメントの育成を行なえば良い。

もうおわかりだろうが、この三つの人材育成の基本は、どれか一つを重点的に行なうということではなく、すべて同時に行なうべきである。近年の風潮に流されて「これからは創造性が大事だ」と声高に叫ぶ人々の中には、「もはやルーチン処理がどれほどミスなくできるかなど重要ではない」と言ってルーチン処理能力を馬鹿にして、その育成に資源配分を怠る人がいるので、とりわけ注意が必要である。情報技術の発達に伴って、人間がルーチン処理から一部解放される面はあるのだが、完全に解放されることはない。

現場がルーチンワークを精確に実行でき、簡単な例外案件に対応できる力があるからこそ、管理者たちは分析・判断に時間をかけることができるのであり、例外案件の背後に隠れている重要なメカニズムを把握し、時には抜本的な改革のアイデアを思いつくことができるのである。逆に現場のルーチン処理能力が低下したり、簡単な例外ですら常識的に判断できないほど現場が弱体化すれば、その分だけ管理者層は判断業務に追われ、さらにトップ・マネジメントまで例外処理に追われ、最悪の場合は事件処理・スキャンダル処理に追われるようになってしまう。

現場がしっかりしているから、足腰がしっかりしているから、ミドルは問題の本質を考え抜くことができ、トップは戦略を思考する余裕を初めて獲得できるのである。創造性を強調したり、戦略性を強調するのであれば、同時に足腰を鍛えることも重視しなければならない。これまで足腰しか鍛えてこなかったことを反省するのは結構だが、足腰を鍛えることを否定する必要はないし、否定するべきではないのである。

ちなみに、最近話題の「ゆとり教育」などで今後入社してくる現場担当者たちがルーチンワークを精確に遂行できなくなれば、それによって戦略を考えなければならない人々の多くがその時間を日常業務に割かざるを得なくなることが予想される。創造性を強調する政策は、常に、ルーチンワークを遂行する能力の向上と対になっていなければ機能するはずはない。

†人の育つ組織設計とは

官僚制機構がうまく機能するための人材育成の基本は右のように一見簡単に見えるのだが、実を言うと、本当は難しい。もし、いつでも適切な人材を外部の労働市場から獲得可能なのであれば、組織の現場・ミドル・トップの三階層をそれぞれ完全に専門化して、現場はルーチンワーク、ミドルは例外処理、トップは戦略思考と割り切ることができないわけではない。アメリカの経営学の教科書は、外部労働市場が流動的であり、労働者はビジネス・スクールなどの外部の教育機関で自ら投資してスキルアップすることを暗黙の前提に置いているから、各階層に固有のスタッフィングを行なうという側面を強調しがちである。

しかし日本のように労働市場が主として内部昇進である場合には、三つの階層を明確に分けてしまうことには問題がある。労働市場のヨコの流動性が高まってきて、転職が珍しいものではなくなってきた日本企業でも、コア人材に関しては長期雇用を前提とする企業がほとんどである。コア人材に関して長期雇用を前提とするのであれば、今後も、ミドル・マネジメントの多くは社内の現場から昇進してくるだろうし、トップ・マネジメントの多くが社内のミドルから内部育成されて昇進することになるだろう。

現場からミドルに昇進するには、現場での働き方を見て分析力や判断力があること、少なくともそのポテンシャルがあることを評価できなければならない。ミドルからトップに昇進させるには、ミドル時代の仕事ぶりを観察して、戦略的な思考能力（そのポテンシャル）を評価できなければならない。その意味では、現場にも一部、分析力・判断力を涵養し、それを評価する試金石のような職務が残されなければならないし、ミドルにも戦略性を涵養する仕事、またその能力を測定できる試金石の仕事が与えられなければならない。

その意味では、現場・ミドル・トップの仕事の特徴は、現場＝ルーチン、ミドル＝例外処理、トップ＝戦略思考といった具合に完全に分離してはダメなのである。この辺りが組織設計の難しい所である。いったん合理的に、スパッと割り切った垂直分業組織を設計した後で、人が育つキャリアとか、育った人を評価できるタスクをいかにして組み込むかということを考えながら、「スパッと割り切った」ところに「不純物を混ぜる」という作業を加えないとならないのである。初めから「不純物を混ぜる」ばかりでは、しがらみばかりの奇妙な組織が生まれるが、「スパッと割り切った」だけの組織では人は育たなくなってしまう。

†カタカナ組織にかぶれるな

ここで指摘している問題は、長期的に望ましい組織設計と短期的に望ましい組織設計が相矛盾するということだと言い換えても良いだろう。短期的に環境への適応を効率的に行なうのであれば、現場・ミドル・トップの垂直分業が明確な方が良い。しかし、現場・ミドル・トップの垂直分業を厳格化すると長期的には人が育たないという問題が生じるのである。

この問題は垂直分業に限定されるものではない。開発・生産・販売のような職能別の分業に関しても、やはり厳格な分業を取り入れると短期的には効率性を達成できるが、長期的には経営者として大きな視野を持つ人材の育成に失敗することが多いと言われている。

つまり一言でまとめれば、短期の適応には厳密な分業が効率的だが、長期の適応には緩やかなオーバーラップ型の分業が効果的である、ということであろう。ここで注意するべき点は、いかに人が育ちにくいという問題点を抱えているからといって、官僚制の基本モデルを破棄することはできないし、それを目指すべきでもない、ということである。

企業組織の基本はまず官僚制であって、不確実性が高まるにつれて、官僚制に新たな工夫が付加されて組織が複雑化し、また人材育成のことを考えて垂直・水平両方向の分業を緩やかなものに若干追加的に修正していくのである。官僚制という基本を機軸として離れて大規模な企業組織の運営など不可能なのである。

企業経営の基本中の基本であるにもかかわらず、官僚制組織は多くの人々に嫌われてきた。「官僚制」は経営の世界の悪役であり、多くの論者がそれに対抗するために様々なカタカナ組織論を声高に提唱してきた。しかし、組織論の基本を学んでいない人がこの種のカタカナを振りかざして企業内で議論を展開するのは極めて危険である。官僚制機構の設計とそれを担う人材の育成ができていない企業のトップが、格好良いカタカナ組織にかぶれたりしたら本当に大変だ。本当の社長業務ではなく、「社長ごっこ」で遊んでいるトップが悲惨な結末を生むのはとりわけこのような場合である。何事にせよ、基本が大事なのである。

第2章　ボトルネックへの注目

†『ザ・ゴール』

『ザ・ゴール』（E・ゴールドラット著、ダイヤモンド社）は本当に良く売れた経営書である。全米で二五〇万部、日本でも四五万部が売れたという。『ザ・ゴール2』という続編まで登場した。これほど良く売れた経営書には一般には良書は少ないのだが、この本は例外的にすばらしい。ラブ・ストーリーの背後にある制約条件の理論（TOC：Theory of Constraints）には理論的に新しいところはないと批判されるが、その理論の理解しやすさは侮れない。理解を容易にするための体系化という視点をたしかにわれわれ学者たちは欠いてきたと自らの過去を反省せざるをえない。

『ザ・ゴール』とその背後にある制約条件の理論は、基本的に、生産物が流れていくフローのボトルネックを中心にして組み立てられている。いま図3に示されている仮設例のよ

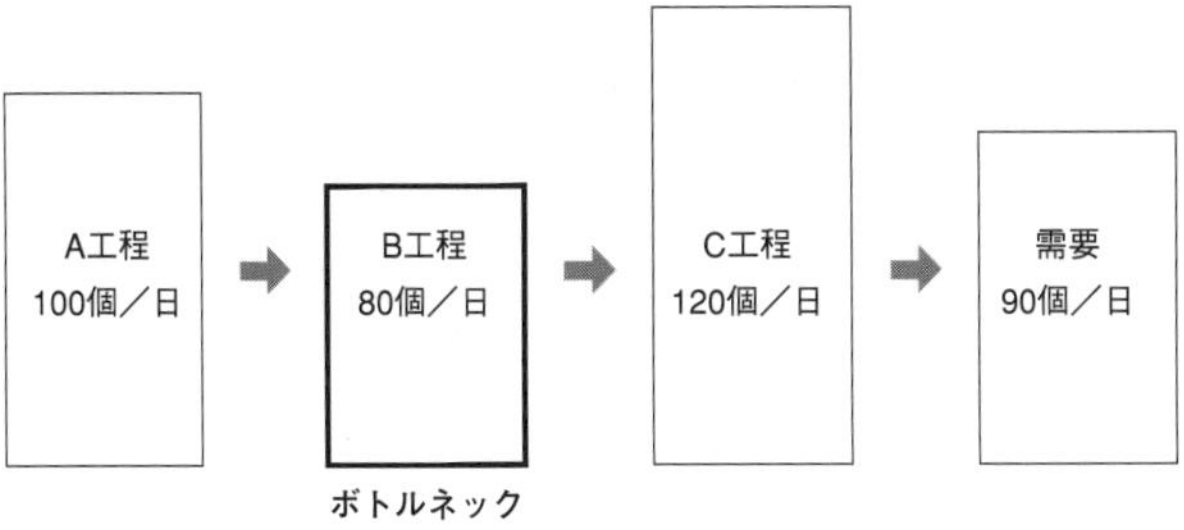

図3　生産工程の仮設例

うに、工程がAとBとCという三つに分かれていて、それぞれ異なる生産能力をもっていると考えよう。A工程は最終製品に換算して一日に一〇〇個分の部品を生産でき、B工程は完成品八〇個分の部品を、C工程は同じく一二〇個分の部品を生産できると考えておこう。自社製品に対する市場需要が一日に九〇個のペースであり、部品供給に滞りがないとしよう。

　このとき、この工場の全員がどんなに頑張っても、市場のニーズである九〇個を満たすことができず、出荷数量は一日に八〇個に制限されてしまう。工程Bが足を引っ張っているからである。この工程Bがボトルネックであり、その他の工程は非ボトルネックである。

†ボトルネックへの注目

　ボトルネックと非ボトルネックの区別が明確になれば、それに続いて工場の経営にメリハリがついてくる。工場全体の成果を高めるためには、ボトルネックを中心に経営方針が決まってくる。何よりもまずボトルネックの時間を徹底的に有効活用することが重要である。非ボトルネック工程で一時間のロスが生じても、工場全体のパフォーマンスに影響を及ぼさないが、ボトルネック工程で一時間が失われれば工場全体が一時間を失うことになる。

だから、まずボトルネックが常に動き続けるように、遊休時間を排除したり、段取り時間を短縮したりといった努力が必要になる。また、古い機械や外注など、その工程だけ見たら効率が低下してしまいそうに見えることでも、工場全体のパフォーマンス向上から考えると望ましい手段も考慮すべきである。

ボトルネックの前や後の工程も、ボトルネックの時間ロスを生じさせないように管理の方針が定められる。たとえば、ボトルネックの前工程が頑張って作り続けても、最終製品の量はボトルネック工程が決めているのだから、ボトルネックの直前に大量の工程間在庫が積まれることになり、業績が悪化する一方である。だからボトルネックよりも川上の工程はボトルネックの加工スピードにあわせて生産量を調整しなければならない。

また、ボトルネックに不良品を投入すればボトルネックの時間が無駄に失われてしまう。だから、ボトルネック工程に投入される仕掛品がすべて良品になるように、ボトルネック工程の前に検査工程を入れる。

ボトルネックを挟んで後ろ側に位置する工程についても、やはりボトルネック工程の時間をムダにしないようにという観点から基本方針が導き出される。たとえばボトルネック工程の後で作業ミスがあれば、既に投入されていたボトルネック工程の時間が失われる。だから、後工程はスピードよりも加工ミス回避を優先するべきである。

さらに、ボトルネック以外の全工程では、時間が余っているのだから、段取り替えを頻繁に行なってバッチサイズを小さくし、工程間在庫を減らし、出荷までのリードタイムを短縮する、といった目標を追求するように管理されるべきである。

すべての部分が同じようにただただ頑張れば良いというものではない。まず第一にボトルネックと非ボトルネックでは異なるミッションを追求するべきなのだ。しかも第二にボトルネックを見極めた上で、そのボトルネックのリズムにあわせて全体を体系的に運営しなければならない。

もちろんホンモノの『ザ・ゴール』では、もう少しフローを重視していて、時間を中心にした議論が展開される。ここで私が要約したものは、フローというよりも、リソースを重視した紹介になってしまっている点に問題が残っているし、この他にも会計手法やグループ討議の方法等々いろいろな内容が盛り込まれている。けれども、『ザ・ゴール』の最も本質的な部分をあえて簡略化すれば以上の通りであろう。

†当たり前だが忘れていた

言われてみれば当たり前のことだ。おそらく生産管理の仕事についている人からすれば、「何をいまさら」という気持ちになるであろう。生産管理ばかりでなく、組織論でも戦略論でも、ボトルネックとか戦略的要因に注目せよと常に主張されてきた。ボトルネックへの注目は経営の基本なのである。しかし、その「当たり前」のことを主張している本がこれだけの売り上げをもたらすにはそれなりに理由があると思われる。

まず第一に、何がボトルネック（あるいは制約条件）なのかを考え抜き、そのボトルネック（あるいは制約条件）を中心に全体最適を体系的に徹底して考え抜くという姿勢は、今のわれわれにはやはり新鮮である。バブル期には皆が浮かれていて、生産物のフローを効率的に管理しようなどという発想自体が消え去っていた会社も多い。逆にバブル崩壊後は、あまりにも急激に業績が悪化したので、誰も考える余裕がなく、その日その日の対応に追いまくられてきた。バブル期とその崩壊後の失われた一〇年を生き抜いてきた日本企業のビジネスマン（ウーマン）にとって、何を、どうやって、どこまで徹底して考えなければならないのかを『ザ・ゴール』はもう一度思い起こさせてくれたのである。

日本企業では、いつの頃からか、「自分の生き甲斐を会社内で追求する権利がある」と自分で思いこんでいる人が多くなった。戦前生まれの人たちが会社の中心だったころは、仕事ができないとクビになるといった恐怖感をもっていた人も多かったように思われるが、近年では会社は皆が「自己実現する場」であると勘違いしている若手が多い。バブル崩壊後の危機的な状況下でも、リストラの危機感がない若い世代にはそう思いこんでいる人が多いように思う。

会社は、しかし、個々の社員が自分の生き甲斐を追求する前に利益を上げていなければならない。きちんと経営されていないとならないのだ。その点では、何よりもまず会社の利益を上げるという最終目標に合わせて、徹底的にボトルネックを中心に考え抜くという『ザ・ゴール』の姿勢は、近年の「大学のサークル」のような企業がダメであることを再認識させてくれたという意味で良き反省の切っ掛けを提供してくれたのである。

✝問題はシンプルだった!

第二に、多くのビジネスマン（ウーマン）は、『ザ・ゴール』のエッセンスが生きるのは製造現場だけではないことに気づいているから、だからこれほど多くの人々が『ザ・ゴール』を読み、感動したという側面もあるに違いない。製造現場ばかりでなく、研究開発組織や本社スタッフ、中央省庁等々、ホワイトカラーが主体の組織でも、サービスや書類や意思決定を「生産」しているのであり、その「生産プロセス」を徹底的に考え直す必要がある、ということに多くの人々が気づいたのではなかろうか。

研究開発の「納期」が遅れがちになっているとか、誰かの机の上に書類の山が長い期間にわたって積み上げられているとか、前々から懸案になっていた事柄がいつまでたっても決まらない、といった事態は多くの組織で見られる現象である。そして、そういった現象をいままで何となく問題だと思っていたのに、どうやって考えれば良いのかがはっきりしないまま、問題が深刻化してきた。これが多くの組織の実態ではなかろうか。

こういう組織の混乱を目の前にして、新しいコトバに次々に飛びついてきた本社スタッフも数多いに違いない。「もはや第二次産業の時代は終わった。だから製造現場をモデルとした組織運営など考えても問題の解決にならない。ネットワーク、ハイパーテキスト、ホロン、自己組織化、ナレッジ・マネジメント等々、新しい時代にふさわしい新しい組織のコンセプトを取り入れよう」。こうして多くの人々が生産現場をモデルとするのを嫌悪し、次々生まれてくるカタカナ組織を追いかけ、組織内で生じていた業務の混乱を解決できないままいたずらに時間が経過していった。頑張れば頑張るほど、仕事は遅くなり、納期遅れが目立ち、意思決定が不足するようになっていった。

しかし、問題は初めからシンプルだったのだ。カタカナを追いかける前に、製造現場の

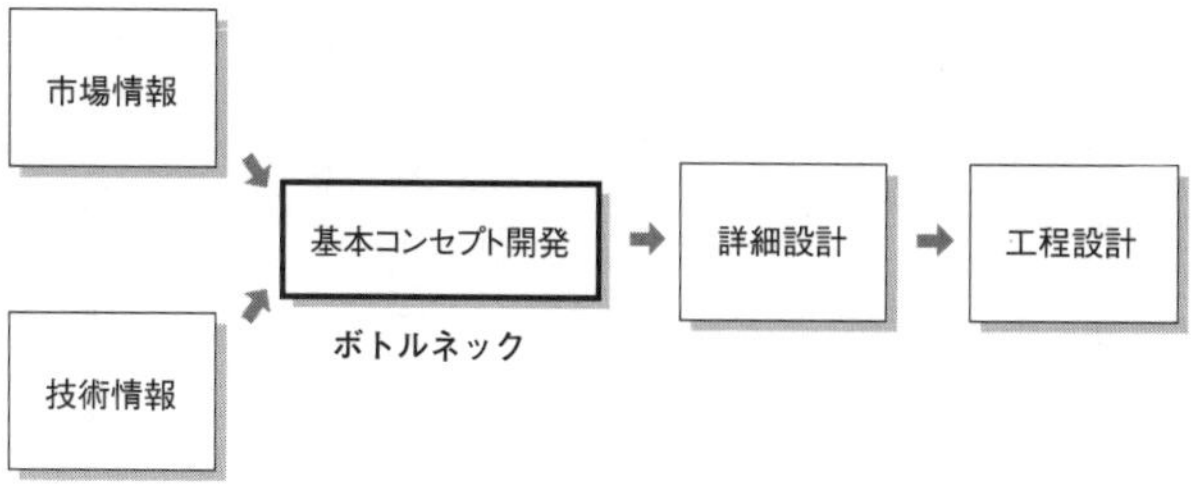

図４　新製品開発のプロセス

基本に忠実に組織の再設計を行なえば良かっただけなのだ。そこまでできた上で初めて、プラス・アルファをどうするかに悩めば良かったのだ。

†製品開発プロセスも生産工程だ

もう少し具体的に考えてみよう。たとえば工場以外の組織として研究開発部門を取り上げることにしよう。

研究開発部門は新製品の設計図を最終アウトプットとして生みだす組織ユニットである。新製品の開発プロセスには、顧客ニーズ情報や競争相手の情報を分析したり、技術情報を収集し、分析し、場合によっては発明を生みだしたり、また生産工程を開発する、といった一連の活動が必要である。これらの活動が図４に図式的に描かれている。

こういった開発プロセス全体の中で、まずボトルネックと非ボトルネックを峻別しなければならない。その上で全体最適を求めて、ボトルネックと非ボトルネックでは異なるミッションを追求するように方向づけなければならない。この基本ができていないから、多くの企業で新製品開発の混乱が止まらないのである。

いまかりに、製品設計の基本コンセプトを考えることのできる優秀な技術者の思考時間がボトルネックだと仮定しよう。この場合、まずこの優秀な技術者の基本コンセプトを考える時間を一分たりともムダにしてはならない。これが基本である。

より具体的に言えば、少なくとも開発のピーク時には、詳細設計や他部門との根回し、予算の確保等々の業務は、この優秀な技術者に回さず、周囲の人間に負担させるべきであろう。あるいはこの優秀な技術者の思い通りに物事が運ぶように、上司はこの技術者の周辺の組織を強力にコントロールするべきである。あまり有能でない人に限って、時間的に暇であり、この優秀な技術者の足を引っ張るようなことをする。だから、そういう暇な社内野党の人々の介入が生じないように上司が努力を傾けるのである。いずれにせよ、この優秀な技術者が基本コンセプトを考える作業に集中できるか否かが、まずもって最重要課題なのだから。

しかし、現実にはまったく逆のことが多くの組織で見受けられる。優秀な技術者ほど根回しなどの雑事まで大量に集中する傾向が強い。少し力を付けてきて、その能力が目立ってくると、大量の雑事もたまってきて、結果的に有能な技術者がコンセプトを考えることに費やせる時間は急速に少なくなってしまっているのが現状なのである。できる技術者を思い切って雑事から解放してあげる勇気が上司たちに必要である。

また、基本コンセプトを考えることのできる技術者に、処理できないほどの市場情報を投入したり、不良な情報を投入してしまってはいけない。しかし現実には、市場競争で負け始めた会社ほど、営業の人々がやっきになって情報を収集しすぎ、しかもそれをそのまま直接技術者たちに丸投げするということがしばしば発生する。こういうときに営業マンは、集めた情報の量が多いほど仕事をしているように錯覚する。だから大量の情報を集めてしまうのである。

しかし、「生産工程」の生産能力は一番処理能力の少ないところに規定されているのだから、その周辺がどれほど生産していても事態は一向に改善しない。否、むしろ、周りが書類の山を積み上げることで全体としての生産性も、生産能力さえも低下する可能性がある。だから、本当は技術サイドとの会議に持ち込む資料は、徹底的に分析を進めた上で圧縮した短いものにするべきである。そうでなければボトルネックの技術者たちの思考時間を奪ってしまい、トータルの生産力を削いでしまうのだ。

ボトルネック以外が、無闇に頑張りすぎるとろくなことにならない。勘違いして頑張りすぎている営業マンは、会議と称して技術者たちの時間を奪い、信頼度や重要度を営業サイドで分析することもなく大量の情報を丸投げすることで情報解析の仕事まで技術者たちにやらせてしまうことになる。営業があせって頑張れば頑張るほど、研究開発の納期は遅れていくのである。

†意思決定のボトルネック

類似の例はまだまだある。たとえばホワイトカラーの管理職たちが作っているヒエラルキー組織は、意思決定を「生産」することになっている。例外的な事象に関して、分析し、選択肢を考え、選択して、命令する、といった一連の作業が管理職層の仕事である。いまかりに意思決定が図5に示されているようなステップを踏むものだと考えてみよう。すなわち、①問題の認識→②情報の収集→③情報の分析→④選択肢の生成→⑤選択→⑥組織内正当化プロセス→⑦命令・決定の伝達という七段階のプロセスである。

意思決定を生産する生産工程のボトルネックはどこだろうか。おそらく多くの日本企業で不足しているのは、⑤選択を行なえる人ではないだろうか。要するに「決める」ことのできる人が不足しているように思われるのである。もしこの⑤選択がボトルネックだとすると、他の問題も同時に見えてくるはずだ。つまり、情報の収集や組織内正当化プロセス等の他の仕事ができる人が過剰に存在しているという点である。

たとえば情報収集をまじめにやりすぎる人が多かったり、分析ばかりしていて、ああでもない、こうでもないと言い続けている人も多い。その結果、⑥組織内正当化プロセスが異常に面倒になり、意思決定を進めていこうとしている主力の管理者たちが⑦命令へとたどりつくのが難しくなっているのである。本来であれば、意思決定や決断にとって決定的な⑤選択を行なえる人が不足していて、選択を行なえる人の時間がボトルネックであるのだから、できる限りこの人の邪魔をしないようにしなければならない。周りの人間が頑張りすぎることで、却って組織の意思決定生産能力が低下してしまうことさえあり得るのである。

図５　意思決定の「生産工程」

†長期のボトルネック

モノを考える思考力の低い人たちの中に、短期の積み上げがそのまま長期になるはずだと信じている人がいる。だから、いま挙げたような研究開発部門の問題や意思決定を生みだすプロセスの問題など、きちんと分析してボトルネックが明らかになり、それに合わせて全組織を構造化しなおせば、長期的にも問題が解決されたと安心してしまう人がいる。

しかし、ボトルネックは短期と長期では異なるという点をしっかり認識しておくべきであろう。たとえば上の新製品開発プロセスの例では、基本コンセプトを考えることのできる技術者の時間がボトルネックであり、その有限の時間をいかに有効活用するかが問題であった。短期について処方箋を書くのであれば、その通りである。

ここで短期というのは、現行メンバーが基本的に替わらない期間を指す。『ザ・ゴール』でも、大規模な生産設備の投資を行なうことなしに、とりあえず既存の設備をどうやって組織化するかという問題を考えていた。大規模な設備投資を考えるのであれば、また別種のボトルネックを考える必要があるのだ。

新製品開発プロセスの例でも、短期的には有能な技術者の数は一定のままだが、長期的には、数が増えたり減ったりする。有能な人間が育成されてボトルネック解消に貢献する場合もあるだろうし、ポテンシャルのある人材が腐ってしまったり、逃げ出したりして、却ってボトルネックが深刻化することもある。これが長期の問題である。日本企業のようにコア人材の育成を社内で行なうタイプの組織では、企業組織の直面する長期の問題は、ほとんどすべて人材育成につながるのである。

つまり長期については、有能な技術者を「生産」する人材育成システムを考えて、そのボトルネックに注目しなければならないのである。その際、どこがボトルネックなのかを明確に認識する必要がある。この人材育成プロセスのボトルネックを探す作業では、企業ばかりでなく、高校教育や大学教育、大学院教育まで含めて、広く真剣に探しだす作業が必要であろう。大学院や企業内教育を充実させても、実は高校や大学一〜二年の多感な時期こそ人材育成のボトルネックであり、その時期に哲学的な議論に触れていないとそれ以後は伸びません、というのであれば、他の部分の教育に力を入れてもシステム全体のパフォーマンスを向上させることはできない。

†ボトルネックの発想で「教育」を見ると

人材育成という問題は、企業の内部だけでは考えられない。日本という国の教育システム全般に視野を拡大せざるを得なくなる。その観点から、最後に一言。

はたして人が育成されていくプロセスで最も重要な時期はいつだろうか。そして、その時期に教育に携わっている人々の「生産力」は質・量ともに十分だろうか。日本の教育システムに関して、このような疑問を真剣に考える必要があるように思われる。

「ゆとり教育」や「教養課程の解体」など、本当に人材育成システム全体のことを真剣に考えた末の結論なのか否か、大いに疑うべきであろう。またボトルネックには事前に品質検査を行なって不良品を投入しないこと、ボトルネックを経た人材にその後間違った「加工」を施さないこと、ボトルネック以外の人材育成システムで頑張りすぎないこと、といった一連の問題も考え直す必要がある。『ザ・ゴール』の議論は生産現場から生まれたものだが、まだまだ応用範囲は広い。日本社会全体の人材育成システムや教育システムも真剣にこの発想で分析し直してみることも必要ではなかろうか。

おそらく日本の教育システム改革や文教政策に携わっている人々は、このようなボトルネックの発想で考えることを嫌悪するであろう。その嫌悪感ゆえに、深く考えることなく、この種の発想は無視されるであろう。しかし、そもそも教育システム改革や文教政策の最終的に目指すべきゴールは何であるのか、またそのゴールを達成する上でのボトルネックは何であるのか、と考えていくことはムダではないように思われる。どのような組織にせよ、達成するべきゴールのない組織はあり得ないだろうし、少なくとも税金を投入して維持する組織に対しては、そのゴールの達成という観点から効果や効率をある程度評価しようとすることは必要であろう。

教育システムの達成しようとしているゴールは、企業のそれより多様であり、測定が難しい。そんなことは教育に携わっていない普通のビジネスマン（ウーマン）たちにも分かっている。実際、受験のパフォーマンスを高めることだけを目指した学校運営が望ましいと考えている人はそれほど多くはあるまい。たとえば中学・高校時代にはクラブに熱中したり、恋をしたり、人間として成長するために、いろいろなことを経験する必要がある。だから受験は重要だが、受験パフォーマンス以外にも学校という組織がいろいろ目指すべきものがあることくらい、皆分かっているのだ。

しかし、多くの人々が日本の教育システムに対して持っている疑念は、「多様であろうとなかろうと、そのゴールをすべて本当に意識して、真剣にそれらの間のメリハリをつけて皆が体系的な努力を傾けているのか否か」という点にあるのではなかろうか。「むしろ、ゴールが多様だからという言い訳によって、ゴールを無視して、自分が楽をするだけの方向を自然に選んでしまっているのではないか」、「自分勝手に気楽にやることを優先して、本当に教育効果のことを何も考えていない人が多すぎはしないか」と疑っている人が多いのではないだろうか。だから、ものは試しで、日本の教育システムについても制約条件の理論をメタファーにして考えてみるのも悪くない。

一見、企業活動とは遠く離れた領域に見えるものも、何らかのゴールに向かって皆で努力を体系的に傾けていく活動であるという点では類似しているものが多々ある。多くの読者がそれぞれ自分の身の回りで独自の展開を始めれば、日本の企業システムばかりでなく社会システムも大いに変わる可能性がある。

第3章　組織デザインは万能薬ではない

†「メチャクチャな組織」という批判

「うちの組織はメチャクチャだ」という声をしばしば耳にする。たしかに日本企業の組織に関して話を伺うと、ずいぶん奇妙な組織構造になっているケースに直面する。合理的な設計によって作られた構造ではなく、様々な歴史的経緯から徐々に形作られ、変革できないでいる構造が多いらしい。

「特定の個人に能力があったから、その人に合わせて特別な設計にしてある」とか、「Aさんを部長に昇進させたのに、同等の力量をもつBさんを部長にしないわけにはいかない。だから、あの奇妙な名前の部はBさんを処遇するために特別に作られたものだ」といった、人情的には理解可能だが合理的とは決して言えない説明は少なくない。

あるいはまた、「一〇年前に作られた組織が環境に合わなくなっているのに変革できない。この組織は現社長が組織改革を担当していた一〇年前に企画立案したものだから、組織変革を提案するということは社長が昔やった仕事にケチを付けるということになってしまう。だから誰も変革するべきだと言い出せないでいる」といった話も意外なほど多くの会社に共通して聞かれる。だから、多くの日本企業では「組織構造がムチャクチャだ」という内部批判があったとしても不思議ではない。

†組織構造自体は何も解決しない

しかし、ムチャクチャな組織には問題があるとしても、組織変革をすれば全面的に問題が解決するはずだ、という意見には同意しかねるケースが多い。なぜなら、組織構造や制度といったものは仕事の邪魔をすることはできても、仕事自体を自動的に処理してくれるものではないからである。当たり前のことだが、組織構造は自動機械ではないから、それ自体では何も解決してくれない。特定の構造の下で、何らかの判断を下して最終的に問題を解決するのは常にヒトであって、組織構造それ自体ではない。この点を勘違いしている人が多い。組織さえ改編すれば、どこかから誰か適切な判断を下せる人が湧いて出てきて、問題が解決するのだ、と信じているのである。

たしかに組織構造を変えることで人材の育ち方が随分変わり、それゆえに、組織構造を変革することで長期的には優れた判断の下せる人材が湧いて出てくるようになる場合もある。ただし、それには時間がかかる。組織構造を改変した直後に人材が湧いて出てくるのではなく、数年後から十数年後に湧いてくるのである。だから、組織構造を変革すれば全面的に問題がすぐ解決するはずだというのは間違っていることが多いと言わざるを得ない。

たとえば「最近ユニークな新製品がわが社から出てきにくくなった」という問題が提議された場面を想像してみていただきたい。この場面で実に多くの企業人が、「新製品開発を専門とする新しい組織を作ればよい」と答える。

しかし多くの場合、新製品が出にくくなっているのは、新製品を生みだす研究開発スタッフの時間が足りないとか、技術者の育成が停滞しているといったヒトがらみの問題が原因であって、それを専門にする組織を作ったところで、能力のあるヒトがいなければ問題は解決しない。まるで、「自分ではできないが、社内にはどこかにその仕事をやれる能力のあるヒトがいて、その人たちを集めた公式の組織ユニットを作れば、自動的に問題が解決するはずだ」と思いこんでいるかのような答え方をする人が多いのである。しかもそういう人は、いったんその種の専門組織ユニットを作ることを提案すれば、その後は自分に何の責任もなく、物事はスムーズに進んでいくに違いない、と信じ込んでいる。これは完全に無責任かつ思考能力欠如の状態に組織メンバーが陥っている証拠である。

組織は仕事の邪魔はできても、自動的に仕事を処理してくれる機械ではない。最後に判断し、実行するのはヒトであり、そのヒトの中には自分も含まれるのだ。この点は何度強調しても良いほど、日本企業で誤解している人が多いように私には思われる。

「そんなこと言われなくたって分かっている」と思う人もいるかも知れない。しかし、実際には分かっていない場合が数多く見られる。組織構造の議論を始めると多くの人々が構造の話に注目し、その構造の下で働くヒトのことを忘れがちなのである。この点を確かめるために、図6に描かれているような三つの代表的な組織構造、すなわち職能制（機能別）組織と事業部制組織、マトリクス組織のエッセンスを考えてみよう。

†代表的な組織構造①――事業部制・カンパニー制

まず、事業部制組織から始めよう。事業部制組織は、最高意思決定者のすぐ下の分類が事業分野別に行なわれていて、それぞれの事業部内に研究開発・製造・販売といった機能がすべて含まれている。

そもそも英語で事業部のことをディビジョン（division）という。これは軍事用語では師団のことを意味する。師団というのは、大隊や連隊とは違って、それ自体で独立して軍事行動を遂行できる資源をすべて保有しているものを言う。企業の事業部も、自律的な会

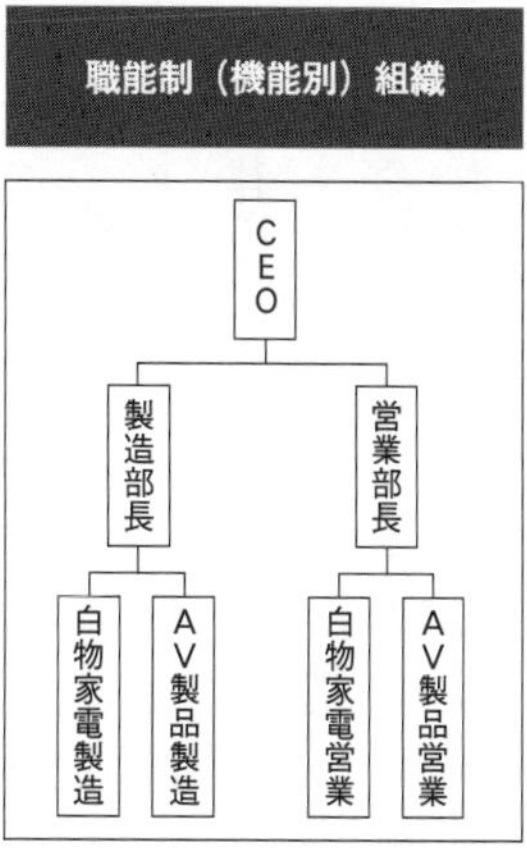
職能制（機能別）組織
CEO
製造部長
営業部長
白物家電製造
AV製品製造
白物家電営業
AV製品営業

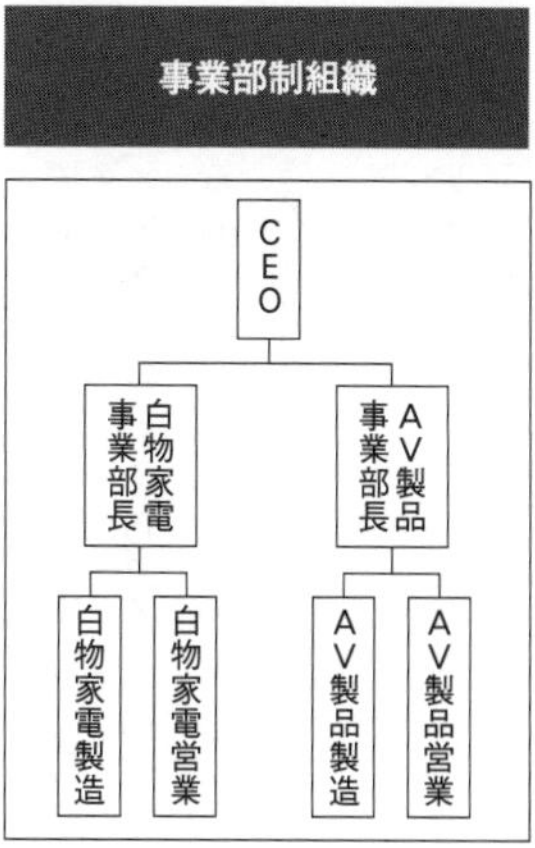
事業部制組織
CEO
白物家電事業部長
AV製品事業部長
白物家電製造
白物家電営業
AV製品製造
AV製品営業

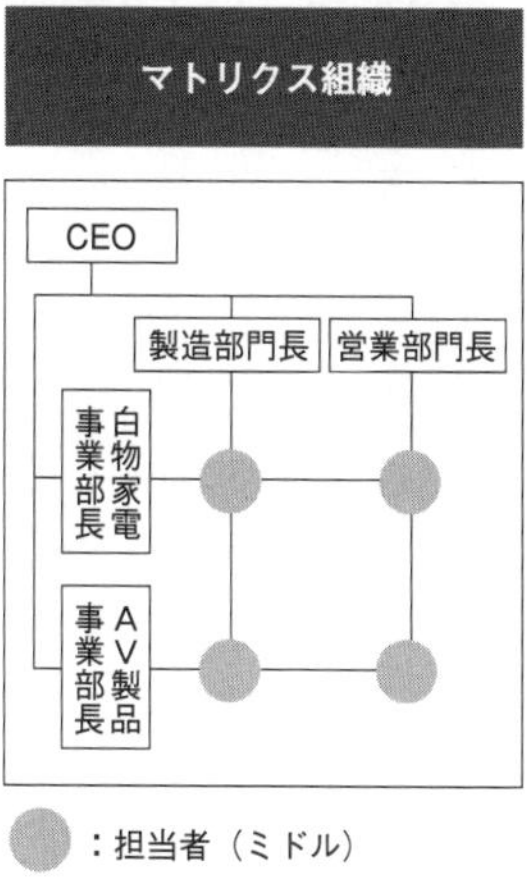
マトリクス組織
CEO
製造部門長
営業部門長
白物家電事業部長
AV製品事業部長
：担当者（ミドル）

図６　代表的な組織構造

社として活動できるすべての資源を保有したもののことである。

実際、欧米で一般化した事業部制は自分の工場をもち、採用人事に至るまで自律的な組織ユニットであるケースが多い。ところが日本では事業部制を流行に乗って採用し、必ずしも自律的に会社として行動できないような似非《えせ》事業部が多数成立してしまった。それゆえ、日本の事業部制は中途半端な「一部事業部制」とでも呼ぶべきものが多い。近年多くの日本企業が採用しているカンパニー制は、この事業部の独立性を大幅に高めたものだと考えておいても間違いではない。その意味で、日本企業はカンパニー制になって初めて欧米流の本来の事業部制組織になったのだと解釈するのが適切であろう。

さて、事業部制やカンパニー制は、それぞれが直面する市場の不確実性が高い場合に有効だといわれている。たとえば、白物家電市場とAV（オーディオ・ビジュアル）製品市場とでは、顧客の好みも行動も異なり、競争相手も違っているので、それぞれの市場に合わせて異なる行動プログラムを準備しなければならず、またその行動プログラムで対応できないような例外案件も両方の市場では異なる頻度で出現してくる、という場合を考えてみよう。

こういう場合に、それぞれの市場への対応を会社全体で相互調整したり、統合したりといったことをしていては、市場の変化に遅れてしまう。大規模企業組織にありがちな、後手後手に回った間の抜けた対応になってしまうのである。各市場ごとに大幅に権限委譲された事業部制やカンパニー制にすれば、この市場変化への適応がスムーズに行なえるようになるはずである。

こういう点ではたしかに事業部制やカンパニー制は優れているのだが、もちろんデメリットもある。考えればすぐに分かることだが、そもそも各事業部やカンパニーの独立性を高めていくのならば、なにも大企業としてひとつの会社にまとまっている必要などないはずである。大規模な企業は、多様な部門にわたって共通利用できる資産をもっていたり、全体を統合することで強力な市場攻略ができるようになる、といったメリットをもっているから大企業なのである。

たとえば白物家電もAV製品も、同じ電子部品を一部共有しているならば、一括発注した方が安くなる。共通した回路基板の設計を使える部分があれば、同じ技術者が仕事を担当した方が安上がりだし、その技術者の設計能力も向上し、会社の技術力として蓄積される。さらには白物家電とAV製品を統一されたデザインで仕上げて、おしゃれな若年ユーザーに訴えかける方が市場への攻め方として有効だという場合もある。

事業部制やカンパニー制を採用していると、短期的な市場への適応には都合が良いのだが、シナジーを達成しにくいとか、共通資源の蓄積に難があるとか、効率性が低下してしまうといった問題が出て来やすい。

†代表的な組織構造②――職能制

こういった統合とか蓄積のメリットを追求するのであれば、いまや時代遅れの感もある職能別組織もまんざら捨てたものではない。販売部門は自社の直面しているすべての市場に対して統合的な戦略を策定できるし、製造部門は生産設備の共通利用を徹底することができる。研究開発部門も独自のコア技術の蓄積を常に重視する政策を打ち出すことが可能である。

しかし、職能制組織にも弱点がある。ちょうど事業部制組織やカンパニー制のメリットの裏返しがそれである。つまり、個々の市場における競争が激しくなったり、顧客の要求が多様化したり、個々の市場ごとに異なる論理で攻めなければならない場合には、職能部門間の調整が厄介なのである。ともすれば製造部長は市場での競争で勝つという最終目標自体ではなく、工場の稼働率を高めることそのものを優先してしまう。研究開発部長は明日の蓄積を重視するあまりに、今日の競争への即応を軽視する。こういった親玉たちの調整は難しい。

†代表的な組織構造③——マトリクス組織

蓄積や効率を重視する職能制組織は市場への対応に難があり、市場への対応に優れた事業部制やカンパニー制は蓄積や効率を犠牲にしがちである。このジレンマをどう解決しようか。

「両方をうまくバランスさせるような組織構造を作れば問題が解決するはずだ。そういえば、両方をバランスさせるための組織構造にマトリクス組織というのがあったはずだ」。こういう意見が即座に出てきそうだ。マトリクス組織とは、製品―市場への適応に責任を負う事業部長と、効率追求や蓄積に責任を負う職能部門長を両方設定し、たとえばAV製品の研究開発課長がAV製品事業部長と研究開発部長の二人のボスをもつような組織である。二人のボスがいるということが、この構造の最大の特徴であるため、ツー・ボス・システムと呼ばれることもある。

†マトリクスは何も解決しない

たしかにマトリクス組織は市場への対応と長期の蓄積・効率性追求の両方をバランスさせたいという願いを組織構造上に表立って表現したものであるから、組織メンバー全員に

「両方大事だ」ということを明確なメッセージとして送っている構造ではある。だから一見、長期の問題と短期の問題を両方いっぺんに解決しやすい構造のように見えるかもしれない。

しかし、個別の案件ごとにバランスをとっていくのは、組織構造そのものではなく、その構造の下で働いているヒトである、という点を思い出さなければならないのは、まさにこういった場面である。マトリクス組織へと組織設計を変更したからといって、長期の問題と短期の問題のバランスが自動的に取れるようになるのではないからである。この点をもう少し具体的に説明しよう。

†組織の機能は「ヒト」次第

マトリクス組織の下で、長期の蓄積と短期の市場適応のバランスを取るには次の三つのやり方がある。

- 職能部門長と事業部長とが腹を割って徹底的に話し合い、その都度、会社全体のことを考えてコンフリクト解消を行なう。
- 両者のコンフリクトをトップが強権によって解消する。

・二人の上司に仕えるミドルが自分自身の頭の中で葛藤しながら適宜バランスをとっていく。

たとえば、蓄積志向の研究開発部長と市場適応志向の事業部長の二人が互いに肝胆相照らす仲で、二人の話し合いでその時々の状況に応じてバランスを変えていくということができるのであれば、マトリクス組織はスムーズに運営可能である。もちろん蓄積志向の研究開発部長は常に蓄積を重視しようとし、市場適応志向の事業部長は市場への適応を優先しようとするのだから、いつでも対立は生じる。その対立が解決されないまま単に永続していれば、マトリクス組織は何も仕事を進めることはできない。研究開発部長と事業部長が共に会社全体の視野に立ち、個別案件ごとに、「会社全体の長期的健全性を考えるなら、今回はこちらを優先せざるを得ない」という合意に到達できる場合に限ってマトリクス組織はうまく機能するのである。

研究開発部長が全社的な視点に立てずに常に蓄積志向の態度を崩さず、同時に事業部長も全社的な視点に立てずに常に市場適応志向の態度を崩さないというケースも実際には多々存在する。本来は全社的視点に立たなければならないはずなのに、自部門の利益代表という視点から逃れられずにいる役員は少なくない。こういう場合、研究開発部長と事業部長が互いに直接議論しても自発的に合意形成ができないのだから、両者を束ねているトップが強権を発動して、その都度どちらかを優先する決断を行なわないとならない。実際、ギリギリどちらも譲れないというような状況もあり、そういう時のために、どちらを優先するかを決める役割を演ずるべく社長や会長がいるのだ、とも言える。

しかし、研究開発部長と事業部長の合意形成もできず、両者の対立を見たトップも両者のメンツを気にして強権を発動できない場合、マトリクス組織はどうなってしまうのだろうか。この場合、二人のボスの相矛盾する命令に直面した課長が、自分で悩みながら、課長の分際で決断を行ない、どうにかこうにか長期的なバランスをとっていくことができればマトリクス組織は動いていくであろう。そこまでモメているのだから、この課長は研究開発部長の顔も、事業部長の顔も、同時に立てるという配慮までやらないとならないだろう。その上で、課長が自らの判断で会社全体の長期的健全性という視点から見て最適なバランスを取っていくのである。

その際、課長自身も、本当にどちらを優先するべきであるのかという判断で深く悩むであろう。悩まないほど簡単な問題であれば、研究開発部長と事業部長の間でもモメなかったはずである。だから、課長は内心、「本当にこっちを優先して良いのだろうか」という葛藤に苦しみながら、ギリギリの選択をするのである。これはまた心理的葛藤に強い随分タフな課長が必要になりそうだ。

つまり、マトリクス組織がうまく機能できるか否かは、①職能部門長と事業部長が率直に意見交換を行なってコンフリクト解消できるか否か、②CEO（最高意思決定者）が職能部門長と事業部長のコンフリクトを強権によって解消できるか否か、③ミドルが内面的な葛藤処理を健全に行なえるタフな人材か否か、という条件に依存しているのである。ちなみにコンフリクトは、社会学では紛争と訳し、心理学では葛藤と訳す。マトリクス組織は、このどちらかのコンフリクトがうまく解消できて初めて機能するものなのである。

†「悩み」の委譲

しかしよく考えてみると、この三番目の条件、すなわち「葛藤に強いタフなミドル」というヒトに支えられて初めてマトリクス組織が機能する、というのは奇妙である。なぜこれほど大切なことをボスたちではなく、ミドルが悩まなければならないのだろうか。

そもそもこういった心理的葛藤は、事業部制であれば事業部長が、職能制であれば職能部門長が処理しなければならないはずのものである。研究開発部門長や製造部長も、その人が「まともな人」であれば、効率と蓄積を追求しつつも、会社全体のことを考えて、市場への適応にも努力を払わなければならないことくらい分かっているはずだ。だから心ぁる部門長は、心の中では常に葛藤を抱えているはずである。また、心ある事業部長であれば、日々刻々と変化する市場への適応に追われながらも、「このままでは会社の資源が枯渇してしまう」と、長期蓄積について悩んでいるはずである。

本来、こういったレベルの高い職位に就く人は、これらの葛藤を自分で考えて解決し、会社全体のためにその都度適切なバランスをとっていくことで高給を与えられるのである。だから、「稼働率で縛られているから市場適応への要求には応じられない」という製造部長も、「利益責任を負わされているから、長期の蓄積を考えることができない」という事業部長も、自分の職務怠慢あるいは思考能力不足を組織構造の所為にする、恥ずかしい言い訳をしていることになる。

この言い訳がましい製造部長や事業部長が、「マトリクス組織に変革すれば問題が解決します」と社長に対して提言したとしよう。こういう言い訳ばかり言っているボスたちがマトリクス組織になってから互いに腹を割って話し合い、会社全体のことを考えて部門間コンフリクトを解決できるようになる確率は極めて低い。本来、自分の心の中で悩みながらバランスをとるべき問題を、組織構造のせいにして、自分が解決するべきだった悩みから目を逸らそうとしているような人なのだから、組織構造を変えても積極的に心を割って話しあうことなど期待できない。

職能部門長と事業部長の言うように、「マトリクス組織に変革すれば問題が解決しそうだ」と信じ込んでしまう社長にも問題がある。そもそも職能部門長や事業部長が会社全体の利益よりも、自分の部署の利益を追求し始めたら、それを叱責してでも会社全体の利益を皆が追求するように方向づける義務が社長にはある。

自分の義務に無頓着で、「そうだ、組織が悪いのだ」と思い込んでしまう社長は、かなり危ない。そのような社長には、マトリクス組織に変革した後になっても、強権を発動してバランスをとることなど期待できない。会社を代表して決断を下し、会社全体のバランスをとる問題を解決するべき人が、「製造部長にもそれなりのメンツがある」とか「事業部長の○○も、根はいいヤツなのだから、ここで恥をかかせてはいけない」などといったマイナーな配慮を優先し、会社全体のことを背景に押しやるようでは、強権発動によるコンフリクト解消も難しそうだ。

さてさて、二人のボスの間の自発的な相互作用でコンフリクトが解決されず、両者のコンフリクトを社長が強権によって解消してくれないのであれば、長期の蓄積と短期の市場適応の問題がそのままミドルに降ってくることになる。要するに、この場合には、自分の内面的葛藤を処理する能力の欠如したボスたちや、部下たちの対立を処理する能力の欠如した社長が、自分たちの能力不足を組織構造の所為にして組織変革を行ない、結果的に本来自分たちが解決するべき心理的葛藤や部門間コンフリクトをミドルに押しつけているのである。権限の委譲ではなく、「悩み」の委譲とでも言えるだろう。

†組織を変えるか、人を替えるか?

問題を処理するのはヒトであって、組織構造ではない。組織構造は、そのヒトの邪魔をすることはできるが、ヒトのやるべきことを代行してやってくれることはない。この点を誤解して、あるいはあまり考えないで、「うちの組織はメチャクチャだ」という批判が噴出し、いきおい最適な組織設計としてのカタカナ組織が桃源郷のように思われ、企業人がカタカナ組織の流行に左右されるという状況が多々見られる。

実際、企業人と話をしていて、「うちの組織はメチャクチャだ」という場合、実際に組織構造を変革しないとどうにもならない状況に陥っているケースが半分、残り半分は単に現状の組織メンバー、とりわけ上司に対する不満が組織への不満に形を換えて噴出しているケースが半分ある。たとえば「うちの営業部長は決断ができない人だ」というところに本当の問題があるのに、「組織がダメなのだ」という言い方がなされるのである。本当は、「今の営業部長を更迭して、もっと若くて決断力ある人をその地位に就ければ良い」というのが正解なのだから、こういったケースでは組織構造を変革してもほとんど良い効果は得られない。むしろ組織構造を変革するのにエネルギーを使い、周りから批判を浴びて、疲れ切ってしまう分だけ大損である。

だから自分の会社の組織に不満を持っている人は、ぜひ次のようなチェックを行なってもらいたい。次の一連の問いを自分の頭の中で、実際の状況をビビッドに思い浮かべながら考えてみよう。

① メンバー固定・組織構造変革
「あなたの属している組織のメンバーをそのままにして、メンバー間の結び付け方を変更することで、現状と較べてどれほど組織の動き方が望ましい方向に転じるでしょうか。」
② 組織構造固定・メンバー変革
「今の組織構造を換えずに、あなたが最適だと思う人材を適切なポストに配置してみた場合、現状と較べてどれほど組織の動き方が望ましい方向に転じるでしょうか。」
③ メンバー変革・組織構造変革
「あなたが最も優れていると思われる主要メンバーをまず集めてみて、その主要メンバーが動きやすいように最適化された組織構造を設計したら、現状と較べてどれほど組織の動き方が望ましい方向に転じるでしょうか。」

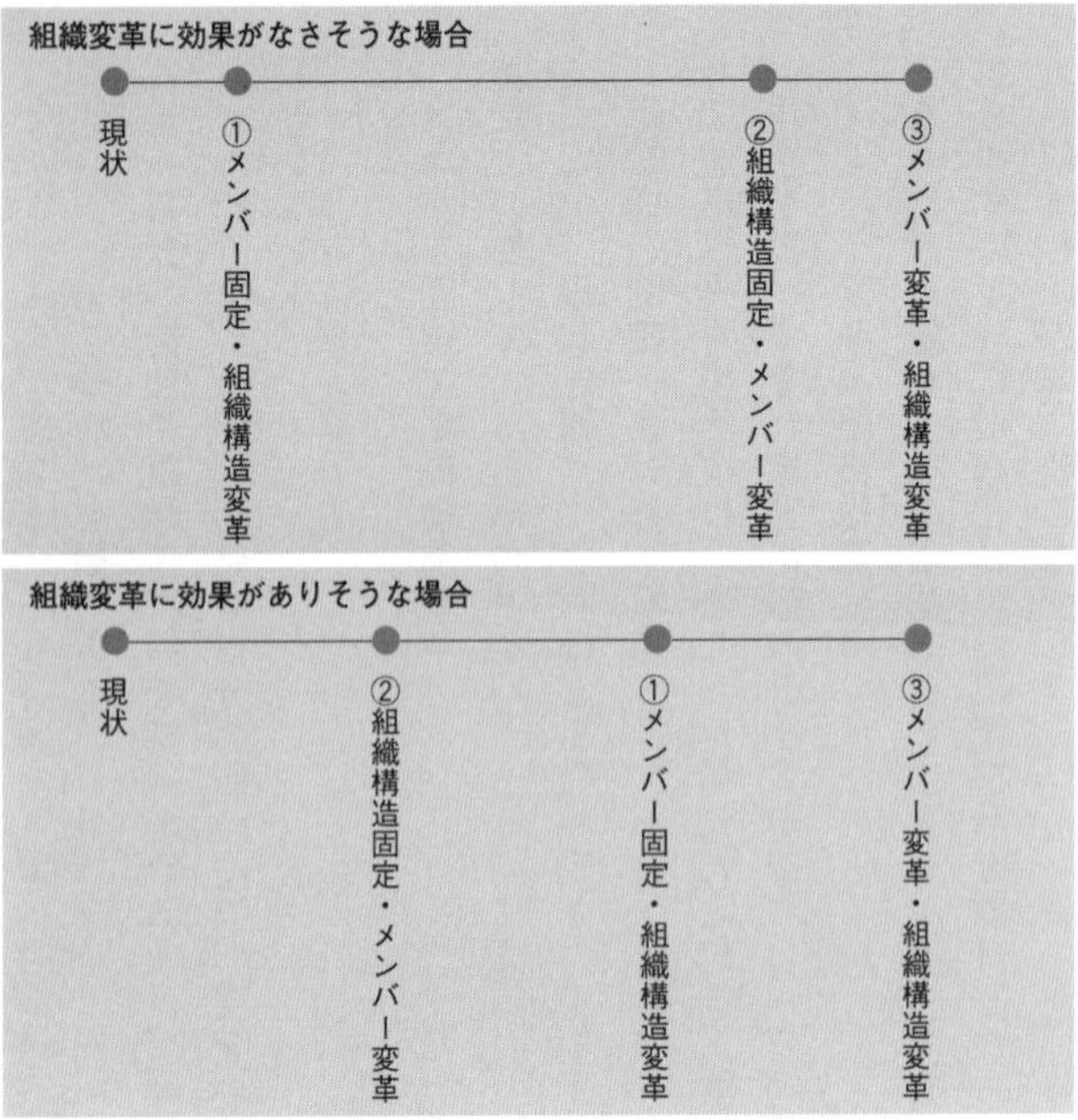

図７　組織変革をするべきか否かのチェック

さて、以上の三つの問いに対して答えをイメージしながら、現状を左端に、あり得るベストの状態である③メンバー変革・組織構造変革を右端に置いた直線をひいてみよう。①メンバー固定・組織構造変革と②組織構造固定・メンバー変革は、それぞれこの直線上のどの辺に位置するだろうか。おそらく、多くのケースでは図7の上段に見られるように、②組織構造固定・メンバー変革は極めて右端に近く、①メンバー固定・組織構造変革が左端に近く位置することになると思われる。この場合、現状の問題点は組織構造そのものだと考えるよりも、むしろヒトの問題なのだと考えるべきであろう。逆に図7の下段のようになっていれば、組織構造の変革が効果を生む可能性が高い。

†スケープゴートとしての組織構造

実際には多くのケースでは組織構造よりもメンバー＝ヒトの問題が多いだろうと思われるのだが、しかし、ヒトの問題を表立って口にすると当たり障りがある。傷つく人が出る。「心優しい日本の企業人」たちは、表立っての対立を好まない。裏ではかなり辛辣なことをウジウジ言う人は多いが、表ではストレートに議論できない人が多いのである。その結果、単に上司に対する不満だったものが、社内公論では、何故か組織構造の問題として表出されてしまうことが多々あり得るのだ。

企業業績がふるわないときに、組織構造のせいにするのはたやすい。「誰かが悪い」という責任追及は傷つく人を生みだしてしまうが、「組織構造が悪い」と言えば誰も傷つかないで済む。だから、「われわれがこんなに苦労しているのは組織構造のせいだ」という意見はコンセンサスを形成しやすい。しかしコンセンサスを形成しやすい意見が正しい意見だとは限らない。とりわけ問題を解決するのは組織構造ではなくヒトであるということをもう一度強調しておこう。

組織構造など、所詮どれをとっても一長一短なのだから、会社全体で処理しなければならない「悩み」の総量はそれほど大きく変わらない。しかし「悩み」の配分は大いに変わり得る。組織構造を変革することで、本来悩むべき人が悩みから解放されてしまい、本来悩むべきでない人が大いに悩まされてしまうということが十分にあり得る。

†組織構造が生みだす害悪

悩みの配分を奇妙なものにするといったように、組織構造は仕事の足を引っ張ることはできる。本来悩むべきポジションの人が悩まなくなる代わりに、もっと生産的な仕事に集中するべき人が全社の問題で悩んだりする。そればかりではない。多くの企業人が当たり前に経験してしまっている組織内正当化プロセスは、生産的な仕事を過剰に阻害しているケースが多々ある。プロジェクトを正当化するために必要なハンコの数が多すぎたり、フォーマルな会議に出席者を多くしすぎて事前の根回しが巨大な仕事量になったりといったことは明らかに組織設計・制度設計のミスである。組織構造は短期的には仕事を遂行しようとする人々の足をひっぱる要因なのである。

さらに長期的にも組織構造は重大な影響を及ぼす可能性がある。たとえば公式組織の設計次第では、奇妙な権力が生まれ、その権力が暴走して奇妙な意思決定が組織内で横行することがある。また、組織構造は日々従業員の直面する仕事環境を決めてしまい、その結果として、人材の育成を大幅に左右してしまうこともある。視野の狭いミドルを生みだすのも、非常に悪い意味でのポリティカルなミドルを育成してしまうのも、組織構造が最初の原因である場合もある。

組織構造は、短期的に仕事の遂行を阻害し、長期的には育成される人材の質を左右する。だから組織構造の設計は真剣にやらないとならない。単に現状の上司に対して不満があるという程度の理由で、組織構造を変革するのは大きな間違いである。さらに、その現状に対する不満ゆえに新たに提唱されているカタカナ組織に過剰な夢を抱き、頻繁にカタカナ組織への変革を試みている企業は、本当の意味での思考力欠如が疑われる。組織の問題は複雑でありかつ長期的に深刻な影響が出てくる重要なものだ。くれぐれも不満処理の対象としないように注意が必要である。

第4章　欲求階層説の誤用

†マズローの欲求階層説

経営学に関する誤解は数多い。そもそも経営学というのは不思議な手品の集積ではない。当たり前の論理の積み重ねである。だから、良識をもった人が経営の現場で経験を積み、常識的に考えて、考えて、考え抜けば、必ずしも経営学を学ぶ必要はないかもしれないくらいなのだ。

だが世の中の多くの人たちは、何らかの手法を導入したら急に業績が良くなったとか、何か新しい手法を取り入れないと会社がダメになる、といった過剰な期待感や恐怖心をもって経営学や経営流行語に接しているように思われることが少なからずある。この過剰な期待感と恐怖心が様々な経営学説に対する誤解を生み、その誤解が知らないうちに一人歩きしていく、ということが経営学では数多く見られる。

誤解の多い経営学の中でも、マズローの欲求階層説ほど誤解・曲解を受けてきたものは珍しい。しかも、この誤解・曲解が生みだしている深刻な問題に多くの人が気づいていないという点を見ても、マズローの欲求階層説ほどミステリアスな学説は数少ない。もちろんマズローが悪いのではない。それを誤解しているわれわれのミスである。

マズローの欲求階層説のエッセンスは単純である。彼によれば、人間を突き動かす欲求は、大まかに分けると次の五つのカテゴリーに分類できる。

① 生理的欲求……疲れたから休みたいとか、お腹が空いたから何か食べたいという欲求。
② 安全・安定性欲求……安全な状況を求め、予測不可能な混沌とした事態から逃れたいという欲求。
③ 所属・愛情欲求……集団に属し、友情や愛情を求める欲求。孤独を避け、根無し草ではないと思えるようになることを求める欲求である。
④ 承認・尊厳欲求……他人から承認され、尊敬されたいとか、自分はできる人間なのだと自信・尊厳をもちたいという欲求のことである。
⑤ 自己実現欲求……自己の成長、潜在能力の実現を求める欲求である。人は、自分が潜在的にもって生まれた能力を実現させ、自分がなり得るものになろうとする欲求をもっ

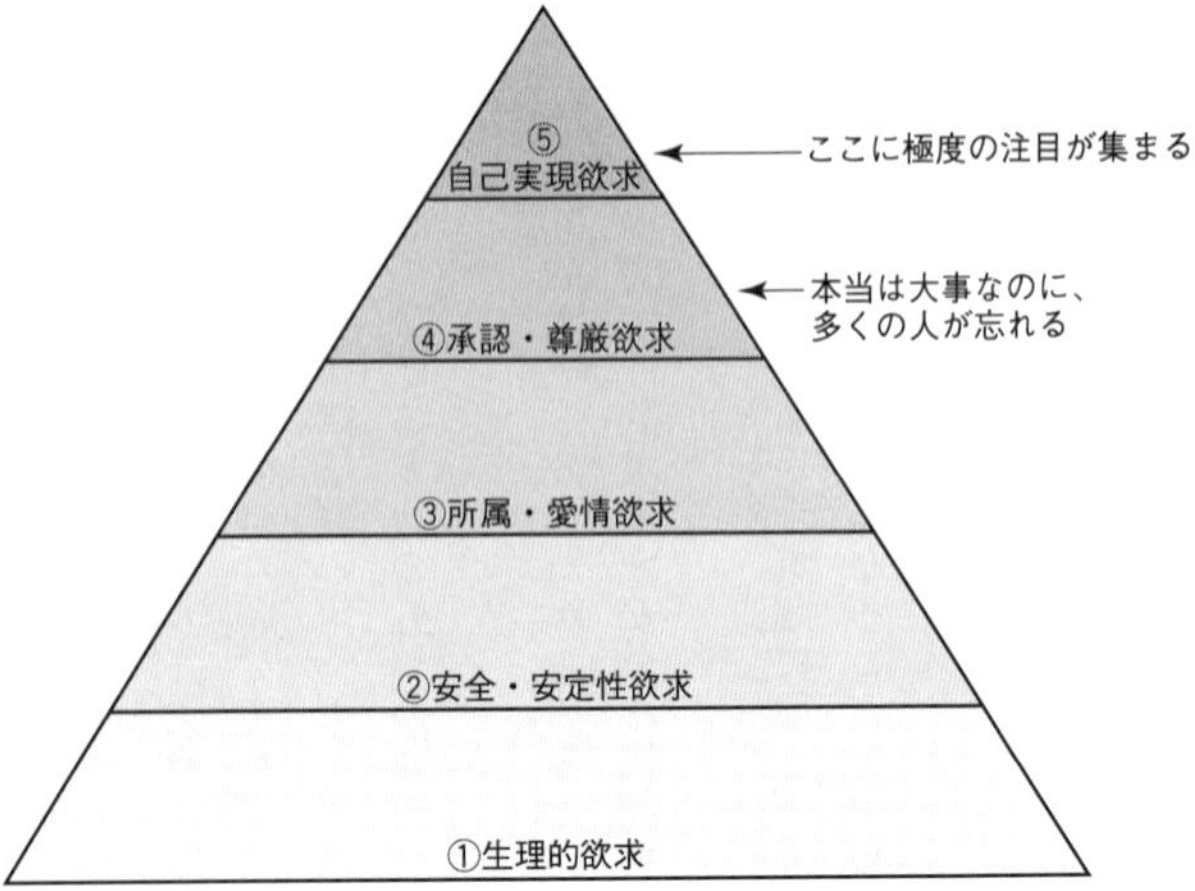

図８　マズローの欲求階層説

ている。これを自己実現欲求という。

図8に描かれているように、この五つの欲求に階層が形成されているという主張が、マズロー学説の第一の特徴である。つまり、まず①生理的欲求が満たされると、生理的欲求は人間の行動を支配しなくなり、むしろ次の段階の欲求、すなわち②安全・安定性欲求が強く意識されるようになる。この安全欲求がある程度満たされると、次に③愛情や帰属先が欲しいと強く思われるようになり、さらにそれが満たされると、④承認・尊厳欲求へ、さらには⑤自己実現欲求へ、と階段を登るように、より上位の欲求が重要になっていくのである。低次の欲求が満たされると、より上位の欲求が強くな

り、それが人々を突き動かす最重要要因になっていくというのである。

マズロー学説の二つめの特徴は、最後の自己実現欲求が人間にとって最高の位置にある欲求であり、しかも、自己実現欲求は満たされ尽くすことがない、という主張にある。自己実現欲求は、いったん充足されることはあっても「満腹感」をもたらすことはない。他の欲求が十分に充足して不足のない人生を歩んできた人も、生ある限り自己実現欲求を持ち続け、その自己実現欲求の充足を通じて人間としての「高み」に登っていくというイメージがこの考え方には備わっているのである。

†美しく安上がりな「自己実現」

マズローの欲求階層説は実証研究で良い結果が出ないので、組織心理学者には評判が悪い。ここで「良い結果が出ない」というのは、実際に調査するとマズローの欲求階層説をサポートする結果が得られないという意味である。だから、欲求階層説は間違っているか、少なくとも理論的には十分なものではない、と考えている学者は数多い。

だが、これとは対照的に、人事・組織やマーケティングなどの領域を中心として、実務家たちには、マズローの欲求階層説はかなり幅広く知られ、強く支持されているように思われる。その人気を支えている理由は二つある。ひとつは、豊かになるにつれて徐々により高次の欲求が重要になっていくという欲求の階層制が直感的にも経験的にも理解しやすいことであろう。

もうひとつの理由は、自己実現という考え方が美しくて、しかも「安上がり」だということである。低次の欲求から徐々に高次の欲求へと進歩していく人間、あるいは猿から超人へと向かっていく人間というイメージは前向きで気高く美しい。しかも、各人が勝手に自己実現しようとし続けてくれるので、人事の担当者が世話を焼かなくても良い。金銭的インセンティブとも無縁だから給料を上げる必要もない。従業員が勝手に仕事で自己実現してくれるなら、会社にとっては安上がりなのである。

†欲求階層説への誤解

まず理解のしやすさから確認しておこう。個人の一生に関しても、日本民族の歴史を見ても、貧しかった頃から豊かになるにつれて、「ひもじい」という切迫した状況から解放されて、徐々に、より「高次」の欲求に目覚めてきたという実感を多くの人がもっている。とりわけ、戦中と戦後を経験してきた人々にとって、歴史経験的に、これほど説得力に富んだ理論は珍しいとさえ言えるだろう。「昔は食べるのに精一杯だった。戦争中は安心して眠られる夜などなかった。しかし、いまや豊かになったし、安全になった。だからこれからは、自己実現の時代になるのだ」。

たしかに今の日本では、不況とはいえ、ホームレスでも飢え死にしない。小学校に乱入して子供たちを刃物で殺害したり、海上保安庁の巡視船に不審船がロケット砲を発射したり、といった事件は起こっても、まだ戦争や内戦の渦中にある国よりは安全である。そういう意味では低次の欲求が満たされた人々が多く、より高次の、おそらくは自己実現欲求の充足に向かって皆が努力してもよい国になったのだ。そのように考える人が多数いたとしても不思議ではない。

しかし、実はここに奇妙な議論の飛躍がある。つまり、生理的欲求が満たされ、安全・安定性欲求が満たされると、なぜか一足飛びに自己実現欲求の充足へと注意が向いてしまう。ここがマズロー学説の理解に見られる奇妙なところである。実は自己実現欲求の追求という方向が美しく気高く、安上がりであるがゆえに、多くの人がそこに目を奪われ、所属・愛情欲求や承認・尊厳欲求などを忘れてしまうのである。

マズローの欲求階層説が罪深いのは、まさにこの点にある。マズローの原著を読んだ人も、教科書で斜め読みした人も、セミナーで聞きかじった人も、ほとんどの人が憶えているのは、「より低次の生理的欲求や安全欲求が満たされると、最後に人間がたどり着くのは自己実現欲求なのだ」という極めて単純化された図式だけである。しかも「日本のような先進国では、多くの人々を支配しているのは自己実現欲求なのだ」という短絡的な結論を強く信じている人が多く出てきてしまうという極めて深刻な問題が発生する。

†本当は承認・尊厳欲求が大事

何が「極めて深刻な問題」なのかと言うと、自己実現欲求の一歩手前にある承認・尊厳欲求について多くの人が真剣に考えなくなってしまうことである。本当は、社会システムを運営していく上で自己実現欲求はそれほど主要な位置を占めていない。企業組織を運営する上では、ほとんど関係ないとさえ言ってもよい。マズロー自身も認めていたように、自己実現欲求に主として動かされているような人というのは、豊かなアメリカにおいてすら極めて少数なのであり、それが少数だからといって社会が崩壊してしまっていたわけでない。自己実現欲求が満たされなくても、十分立派に、創造的な社会は成立するのであり、創造的な企業組織運営も可能なのである。

自己実現欲求のみに突き動かされるような老成した人など企業組織ではほとんど存在していないのだから、組織設計の際に自己実現を主たる要素として組み込むことなど必要ない。どうやったら自己実現を達成しやすいキャリア・パスを整えられるかとか、部下が自己実現を達成できるようなリーダーシップとはどのようなものか、といった問題に悩むことは、理想に燃えていて結構ではあるが、組織運営上はマイナーな価値しかない。

企業組織のような社会システムを運営する上で日常的に一番重要なのは自己実現欲求などではなく、それよりも低位の承認・尊厳欲求である。試みに身の回りの人々を見渡して欲しい。多くの人が、上司から、同僚から、部下から、この会社に不可欠な大事な人材なのだと承認され、感謝され、認められたいという気持ちに動かされて行動しているはずである。周りからのまなざしを一切気にせず、黙々と自己実現を追求している組織人など、少なくとも私は見たことがない。周りから、「いい仕事をした」とか「あの人は不可欠な人材だ」とほめてもらえることが仕事の励みになっている人、またそれを周りから言ってもらえないから拗ねている人は、数多く見られる。

カネを稼ぐためという動機だけで働いている人も日本の大企業ではほとんど見かけない。カネは、生活するために必要な額を超えていれば、それ以後はむしろ金銭額そのものがインセンティブになっているというよりも、「自分は大事な仕事をしていると組織で認められているのだ」という承認・尊厳欲求を満たす上で重要な要素になっているというのが実状ではないだろうか。だから一番真剣に考えなければならないのは、自己実現欲求なのではなく、承認・尊厳欲求の部分だと私には思われてならない。

これに対して、「承認・尊厳欲求を満たすためのポストなどは有限だから、工夫にも限度がある」と考える人もいるだろう。実際、日本企業内で人事畑の仕事をしてきた人々が、マズローの欲求階層説と自己実現に魅了されたのは、昇進可能なポスト数がこれ以上増加しない低成長期に入ったという事情によるところが大きい。しかし、ポストで報いられないのなら、皆が自己実現できるようにしよう、と考えてしまったところが大きな誤解の始まりだった。

†部下に「勝ち戦」を経験させる

実は承認・尊厳欲求を満たすための手段はポスト以外にも多数ある。しかも工夫次第でいろいろ手を考えることができる。ところが「承認・尊厳欲求はポストで満たす」という短絡的な理解をしてしまったがゆえに、一足飛びに自己実現へ救いを求めるというミスを犯してしまったのである。承認・尊厳欲求について基本を確認しておこう。

承認・尊厳欲求は、二つの部分に分かれる。ひとつは、自分で仕事を行なっていて、自分自身で「できるようになった」とか「うまくいった」という有能感を獲得して満たされる部分である。自己有能感は自己実現欲求に関連するものではなく、承認・尊厳欲求に関連するものなのだ。

もうひとつは自分の仕事成果を周りの人から承認され、ほめられ、たたえられ、尊敬されるといった周りのまなざしやコトバが向けられることで満たされる部分である。ポストとは関係なしに、周りからまなざしを注がれることもあるわけだから、「社内で高い地位に就く」という尊厳欲求の満たし方は、多様な承認・尊厳欲求の満たし方のほんの一部でしかない。どこの会社でも、自己実現など追求する前に、承認・尊厳欲求の二つの部分両方について、まだまだ改善する余地が多いはずだ。

たとえば、仕事を通じた有能感を獲得させるためには、「勝ち戦」を経験させればよい。「勝ち戦」を経験すれば、たとえ上司からほめられなくても、あるいは昇給・昇進がなかったとしても、部下たちは自らの有能感を獲得することができ、承認・尊厳欲求を満たすことができる。いわば顧客・市場から承認してもらうのである。

「勝ち戦」を部下に経験させられるか否かは、かなりの部分、上司のたてる戦略の巧拙に依存する。拙劣な戦略をたて、その結果、部下たちに無意味な「負け戦」を繰り返し経験させてしまっているような上司の下では、多くの部下たちが承認・尊厳欲求を満たすことができない。この状況下で、部下の自己実現を奨励するためのリーダーシップに悩むなどナンセンスである。巧みな戦略・戦術を駆使する「勝てるミドル」の育成と、その社内配置の最適化についてもっと真剣に悩むべきであろう。

†「みんな頑張った」という悪平等

周りのまなざしについても、工夫の余地は多い。これまでの日本企業には、傑出した個人に注目が集まり過ぎるのを極度に嫌うあまりに、集団表彰にこだわり、悪平等を蔓延させてきたところがある。傑出した個人を創り出さないようにするという配慮は、本来、あまり目立たなかったけれども「縁の下の力持ち」として貢献があった人もいるということを評価するための姿勢だったはずである。

ところが知らないうちにこの種の配慮は形式化され、形骸化され、なんとなく「みんな頑張ったよね」というあいまいな評価しか下さないシステムへと変質してきたように思われる。つまりエースとして頑張った人も褒めなければ、縁の下の力持ちも褒めず、逆に、本当は頑張っていなかった人、皆の努力にフリーライドしていた人、足を引っ張っていた人までも含めて、「みんな頑張った」と言ってまとめることが良いことであるかのような雰囲気ができ上がっていったのである。

「みんな良く頑張りました」ということを強調しすぎる会社の究極の姿は、表彰も叱責もできるだけ避けようとする姿勢が蔓延している会社である。日本企業のような長期雇用の会社では、ずっと一緒に仕事をしていくので、簡単に仕事の成果よりも対人関係の配慮が強く意識されすぎるきらいがある。だから、誰かが良い仕事をしても、「あまり褒めてしまうと、褒められなかった人ががっかりする。褒められなかった人の気持ちも考えるべきだ」といった弱者に対する配慮が蔓延しやすい。戦う集団でも、利益を上げるための経済組織でもなく、大学のサークル活動のような仲良しグループに近い会社が出てきてしまう。こうなると組織は、傑出した人の足を引っ張る効果さえ発揮し始める。

近年ではこの悪平等に関する反省からか、チームではなく個人が自分の力で生き残るように努力せよというメッセージを人事制度改革を通じて強調する会社が多数出てきている。何も評価しない悪平等のシステムよりもずっと良い方向への進化だと思う。

しかし、集団ではなく個人が評価の基本単位になったところまではまだ良いのだが、プラスの評価が全部特定個人に集中しすぎてしまう懸念がないわけではない。昇進に関しても、早期選抜などは、昇進・昇給ばかりでなく、周囲のまなざしまでも特定個人に集中する典型的な制度改革だと考えられる。一つを得るものはすべてを得る、ということになると、承認・尊厳欲求の充足のさせ方としては改善の余地があるはずだ。

何となく「みんな頑張ったよね」というあいまいな評価しか下さないシステムよりは、各人の仕事を一人ひとり真剣に評価するシステムの方が望ましいと筆者も考えている。しかし近年の改革の問題は、早期選抜された人以外については、承認・尊厳欲求の充足をほとんど問題視せず、「あとは各自、自分で勝手に、自己実現してくださーい」と片づけてしまっているように見える点にある。一足飛びに「自己実現」で片づける前に承認・尊厳欲求に関して工夫しなければならないはずである。

†「縁の下の力持ち」はコトバでたたえる

ここで筆者が強調したいのは、たとえば「縁の下の力持ち」にも、別個に、個別に、まなざしを集中してあげるなど、いろいろ工夫を考えるべきだということである。もちろん、人件費が高騰し、売上・利益の低迷によって原資が限られている今日、全員にカネで報いることはできない。いかに「縁の下の力持ち」をコトバでたたえても給料を上げることはできないのだ、と反論されそうだ。

しかし、それで良いのだと思う。世の中には給料は増やせないけれども、本当に感謝していると、誠意のあるコトバで報いるという方法があるではないか。ウソのコトバでごまかそうというのではない。誠意ある真実のコトバで感謝し、承認することに意味がないはずがない。いつの間にか高い評価も低い評価も避けてしまう仲良しクラブになった組織を、もう一度、はっきり評価がフィードバックされる組織に変革すること、また、その際に縁の下の力持ちを初めとする多様な貢献をきちんと評価すること、これが大事だということである。

「縁の下の力持ち」以外にも、多様な役割を果たしている人々が組織にはたくさん存在する。新しいアイデアを出して会社に貢献する人もいれば、複雑なシステムをミスなく運営することで会社に貢献する人もいる。若手を育成するのに長けている人もいれば、腐りそうな中高年層にカツを入れるのがうまい人もいる。大規模な組織になるほど、多様な貢献の仕方が可能であり、多様な生き方ができるはずである。そのすべての仕事にカネや地位で報いることはできないまでも、そのそれぞれの仕事をきちんと評価して、貢献したと承認する作業が組織運営の根幹のはずである。

†カネもポストもないけれど

各人の貢献に対してカネで報いることができるのか否か、またポストで報いることができるのか否かは、会社の利益性や成長性次第である。会社の成長率が低下したり、利益額が減少したりすると、カネやポストで報いることができなくなる。多くの日本企業のビジネスマンは真面目な人が多いので、「褒めたら、カネかポストという実質もアップさせないとならない」という強迫観念に囚われている。だから、カネもポストも用意できないのなら、褒めない、という極端な対応が出てきてしまう。

本当は、多くの従業員も分かっているのだ。今はポストもカネも出ないということを。しかし、成長もせず、利益も上げていない会社でも、良い仕事をしている人はいる。その良い仕事をしている人を口先だけでも良いから「褒める」必要があると思う。

カネやポストで報いることができないまでも、直接の上司や、周囲の同僚や、それがダメでも人事勤労部門が広く人間の評価情報を収集し、頑張っている人を見ているのだという姿勢が多重に作られていることが組織の健全な運営にとって必要なはずである。「まっとうなことを努力して頑張ってやっていれば、どこかでだれかが必ず見ていてくれる」という安心感をもった企業組織ができていなければ、手抜きをするフリーライダーが闊歩し始め、正直者も報われないという絶望感が支配するようになり、自分勝手な目立ちたがり屋ばかりが出てきて、本当の意味で組織としての強みを発揮できなくなってしまう。

自己実現という美しくて安上がりなコトバは、その魅力ゆえに多くの人々を惑わせてきた。「地位とカネで報いることが出来ないのであれば、自己実現で報いれば良い」という浅はかな発想が蔓延し、真剣な評価のまなざしと、「頑張ったね」という誠意あるコトバのやりとりが重要だという当たり前のことを忘れさせてしまうのである。

†「気高く美しい平等主義」の罠

何かと言えば自己実現という言葉に酔いしれている会社は、承認・尊厳欲求について深く考える思考を止めてしまっている。人間がどれほど他者からの承認を欲しており、自分はかけがえのない存在なのだという確信を得ようとしてどれほど他者にすがり、他者のまなざしを気にしているのかを見落としている。自己実現という言葉に夢中なあまり、承認・尊厳欲求を充足するためには、ポストとカネ以外にも多様な方法があることを深く考えなくなっていく。

もちろんすべての人を褒めてしまえば、感謝の言葉がもっている価値は薄まりすぎるから、全員を褒めることはできない。その意味では承認・尊厳欲求を満たすための資源は無尽蔵に存在するわけではない。しかしすべての人の承認・尊厳欲求を満たせないからといって、それをできるだけ効果的かつ効率的に組織運営に用いようという努力を全面的に放棄するという態度はバカげている。まるで、企業内で働いているヒト全員が同じように満足度を高めなければならないということを前提にしているような思考法である。

そうなのだ。日本企業の中には、組織内で働く人々が全員同じように満足度を高めるべきだと思い込んでいる人がいて、その人たちからすれば、自己実現欲求は本人次第で誰でも満たすことができるという点が魅力的なのである。

問題はここにある。つまり組織内の人々に余り大きな差を付けたがらない人が自己実現欲求に非常に強く惹かれる傾向がある、という点である。「企業だから一部の昇進者を出していくのは仕方がないとしても、それ以外に同じ人間同士で差を付けるのは良いことではない」と考える平等主義的な志向の強い人が自己実現に惹かれるのである。

ある意味では気高く美しい平等主義的な思想ではあるが、やはり企業は経済組織体である。従業員のためであろうと、株主のためであろうと、誰のためであれ、利益を上げなければならない。その利益という目標に貢献する人々を、一番から順番にすべて並べるとまでは言わないが、ある程度きちんと評価しなければならない。昇進する人、昇進はしないが極めて存在価値の高い人、平均的な人、足手まといでしかない人等々、国民・市民として同じ人間であっても、企業内では「同じ一個の人間」ではない。これらの人々の序列に関して、ある程度明確な評価を行ない、その評価に合わせて、組織の資源を使って勝手に自己実現しても許される人と、言われたことを愚直なまでに忠実に実行する人、等々の違いを作って行かざるを得ない。

†自己実現志向の暴走

ところが、バブル期のように会社の共有資源が豊かなときに、しかも全員をポストで報いることができないときに、多くの日本企業が「仕事を通じた自己実現をやらせてあげる」という点では大幅に甘くなってしまったような気配がある。昇進はさせられないけれども、この人が以前からしつこく主張していた「夢のプロジェクト」を始めさせてあげたい。そのような甘い評価、甘いプロジェクト認可が、バブル期のような時期には通りがちになる。本当なら会社の資源を使って自己実現させてもらえるような人材は、ほんの一握りのはずなのに、バブル期はあまりにも多数の人々にその機会がばらまかれたのである。

本来であれば好況期ほど事業のリストラを行ないやすいはずなのに、日本企業のほとんどはバブル期に研究開発テーマが多様化しすぎたり、新規プロジェクトが多様化しすぎたように思われる。好況だから当然ではあるが、日本企業の場合には社員の自己実現に対してあまりにも甘めの評価が行なわれてしまい、通常よりもずっとダメなプロジェクトまで認可されていくということが生じやすいように思われる。

自己実現という美しい言葉は、厳しい評価とワンセットでないと、取り返しがつかないほどの暴走を許してしまう可能性があることに注意しなければならない。

第２部

組織の疲労

第5章 組織の中のフリーライダー

ボトルネックに注目しながら組織を設計し、そこで働く人々の評価を適切に加えながら動機づけていけば組織はうまく動いていくはずだ。本当にそうなっていれば良いのだが、残念ながら世の中はそれほど単純ではない。組織で働く人々が生身の人間であるから、いろいろ奇妙なことが組織内では生じる。

とりわけ、日本企業のように長期雇用を雇用慣行として定着させてきたところでは、「解雇するぞ」という脅しを使えない場合が多い。いったん相手が開き直ってとことん会社に踏みとどまろうと思ったら、残念ながら解雇するのは簡単ではない。そういう人たちが多数出現してくると、組織は明らかに劣化していく。組織の劣化はいろいろな形をとるけれども、まず本章ではその中でもフリーライダーの問題に注意を向けることにしよう。

†フリーライダーとは?

いったん誰かが創り出してくれれば、それ相応の負担を支払っていない他の人も利用できてしまうものを公共財とか集合財と言う。たとえば治安の良さは、公共財・集合財である。多額の税金を払っていようが、脱税していようが、治安の良い国に住むというメリットを享受することができる。

あるいは、住宅地の歩道で主婦たちが立ち話をしている状況を思い浮かべて欲しい。こうやって立ち話をしている主婦たちがいると、その近辺で犯罪を犯す人の数はずっと少なくなる。「人の目がある」ということがもつ犯罪抑止効果は実はかなり大きいはずだ。しかし、もちろん誰もこの主婦たちに対して治安維持料というお金を払う人などいない。その地域に住んでいる人は、この主婦たちにいわばフリーライドしているのである。フリーライドできてしまう、というところにこの公共財・集合財の重要な特徴がある。

実は、公共財・集合財とそれにフリーライドする人というのは、いろいろな場面で見ることができる。たとえば、会社の業績の高さというのは、その会社の従業員たちにとって集合財である。自分が頑張らなくても、誰かが頑張れば、自分の会社の業績は高まり、自分の給料も手に入れられる。自分の部門がダメでも、他の部門がしっかり努力してくれれば、ボーナスは低くても月給は何とか支払われる。

だとすれば、あまり頑張らない方が得かも知れない。「頑張る人には徹底して頑張ってもらって、自分は楽をして過ごそう」と思う人が出てくる。他人の仕事にもっともらしいケチを付けて、それでいて自分自身は何もプラスの貢献をせずに社内野党として生きている人は多い。他人の努力にフリーライドしているくせに、フリーライドさせてくれている人たちを批判し続ける社内野党という楽なポジションが日本企業では長いこと許容されてきたように思われる。

大学の評判も集合財である。「○○大学の学生はデキが良い」という評判は、その大学の学生であれば、努力している学生にも、努力していない学生にも、共に享受できるメリットである。もし出身大学の評判だけでうまく就職ができるのであれば、自分は苦労して勉強などせずに遊んで暮らした方が得だ。まわりで頑張っている同級生や先輩たちが努力して積み上げてきた評判にフリーライドすれば良いのだ。このような考え方をする学生が増えてくるにつれて、大学はフリーライダーで一杯になり、誰も勉強しなくなっていく。かつての名門校と呼ばれるところが必ずしも学生の質を維持し続けることができずに、劣化・腐敗していく理由のひとつは、この種のフリーライダーの増殖であろう。

これ以外にも、多様なフリーライダー問題がある。企業組織の中には、同僚や上司、部下の創った集合財にただ乗りしている人間が多数存在する。フリーライダーの問題は企業内にごろごろ転がっていて、その点を視野に収めなければ、多くの組織問題に間違った判断を下しかねない。より具体的に、組織におけるフリーライダー問題というのがどういうものなのかというイメージを共有するべく、もっとも典型的なフリーライダー問題をまず紹介しておこう。

†労働組合不要論

近年特に、労働組合不要論を若手社員から聞くことが多い。今の労働組合は労働者たちが本当に望んでいるサービスを提供しなくなったという批判である。

「これほど労働組合員の本当のニーズを無視しているのは許せない。だから、就職したらそのまま組合員となり、組合費を徴収されるようなユニオン・ショップ制は廃止するべきだ。組合がまともなサービスを組合員に提供していると思う人は組合に加入して組合費を払い、そう思わない人は組合費を払わないという自由を認めるべきだ。そうすれば、組合は自分たちが組合員たちのニーズから外れればその分だけ組合費収入が減り、逆に組合員たちのニーズを満たせば収入が増える。こういうインセンティブ・システムにしなければ、組合の正常化はできない」。

分からないでもない批判である。一見正論のようにも見える。たしかに、本当に必要なサービスを提供していれば組合加入者数が増えて組合の収入が多くなり、逆に、不要なサービスしか提供していないならば組合加入者数が減って組合の収入も減り、最悪の場合には十分な収入を失った組合は存続できずに滅びてしまうということもあり得る。こういうインセンティブ・システムにすれば組合の指導層は組合員たちの本当のニーズに真摯に応えようと努力するに違いない、と考える人も多いだろう。

不況下でギリギリの存続をはかっている企業で働いている人たちからすれば、本来の受益者たちから「不要だ」と言われていながら、それでもなお生き残っている組織体があること自体が不思議に見えるのであろう。しかし、この種の「お手軽な議論」に与する前に、もう少しだけ深く考えてみる必要がある。一見もっともらしそうに見える「真っ赤なウソ」というのが、世の中には多数蔓延《はびこ》っているからである。労働組合を組合員のニーズに敏感に反応するように変革するという問題は、実はフリーライダー問題の視点から見ると、簡単にインセンティブを変えれば済むというような単純なものではなく、ほとんど解決不可能なほど難しい問題だということが明らかになる。

†フリーライダー問題の視点で見ると

たとえば組合が本当に良いサービスを提供していたとしよう。たとえばトイレがきれいになるとか、オフィスの壁の色を癒し系のものに変更するなど、職場環境の向上を組合が努力して達成したとしよう。しかも労働者たちが皆、トイレをきれいな設備に変えたり、オフィスの壁紙の色を変えてほしいと思っていたとしよう。つまり組合は労働者たちのニーズを満たしたと想定するのである。このとき、本当に皆は喜んで組合費を支払い、組合員になるだろうか。

実はここに問題が潜んでいる。この場合、自分勝手で合理的な人なら、組合費を払って組合員となることはない。なぜ払わないかというと、組合費を払わなくてもきれいなトイレを使うというメリットや、心の落ち着く壁紙に囲まれるというメリットを享受できてしまうからである。組合員にだけ新しいトイレを使わせ、非組合員には使わせない、ということは通常は不可能である。また明らかに、組合員にだけは癒し系に見え、その他の人にはイライラした色に見える壁紙というものも存在しない。トイレがきれいになるとか、壁紙の色が変わるというメリットは、組合員であろうと非組合員であろうと、共に享受できてしまう。こうなると組合が本当に良いサービスを提供しようとしたとしても、そのサービスに「ただ乗り（フリーライド）」できる人が出てくる、ということになる。

フリーライドできてしまうのなら、自分勝手な人は初めから組合費を支払わないはずである。「そんな勝手なヤツは大した数ではないはずだ。せいぜい多くても一パーセントであろう。だから問題はない」と考える人は、組織論の「読み筋」にまだ慣れていないと言える。

組織を読み解く上では、たかだか一パーセント程度でも、この種のフリーライダーが出てきたときに、他の人々がどのように行為を変えていくのか、と考えていくことが大事である。まず初めは相当風変わりな人のみがフリーライドしていても、そのうち少しずつ、その種の行動が珍しいものではないと認識されるようになる。そうなると、まじめにやっている人たちの中に不満がたまってくる。

「自分たちはちゃんと組合費を支払っている。それなのに、組合費を払わないで済ませていながら、受け取るべきメリットだけはしっかり手に入れているヤツがいる。これはあまりにもアンフェアだ。こういうのを見ていると、払うのがばかばかしいから、自分も払うのを止めてしまおう」。

こう考える人の数はおそらく初めの一パーセントよりも少し多いはずである。周りの人々のアンフェアな姿を見て、「自分は自分から進んで組合費を支払わないのではない。アンフェアなヤツがいるから組合費を支払わないのである。自分が組合費を支払わない理由は、この世にフリーライダーが許されているということが原因であって、自分が悪いのではない」と考える人が出てくる。この種の普通の人々が少しずつ払わないようになれば、ますます組合に加入しない人が多数出てきてしまうのである。

組合に加入するか否かの判断を各自の自由に任せれば、問題が解決すると考えるのは随分「甘い見通し」である。残念ながらフリーライダーは必ずといって良いほど発生してしまい、それを見て憤慨した人が組合を離れ、さらにそうやって自分勝手に組合を捨てる人を見てまた他の人も去っていく。だから、労働組合がどれほど良いサービスを提供していようとも、組合加入者も組合収入も、時とともに減っていってしまう可能性が高い。組合が組合員にも非組合員にも同程度にサービスを提供してしまう場合には、全員一律組合費を徴収されるようになっていないとならないのである。そうでなければ、組合が提供している一切のメリットを失いかねない。

†どうすれば組合員のニーズに無関心な組合を変革できるか?

ここまで読めた人は「組織の読み筋」に熟達した人だとは思うが、フリーライダー問題が本当に難しいのはここから先である。どうやって組合を変革するべきかという議論がまだ残っているからである。

組合費の支払いを組合員たちの自主的判断に任せ、価値あるサービスを提供してもらえたらそれに応じてカネを払うという方法をとる、というのではうまく行かない。しかし、現状の組合がたしかに一般的な組合員のニーズに応えていないという実状は残っている。

組合を変革しなければならない。さて、どうすれば組合を組合員のニーズ志向の組織へと変革できるのだろうか。

即座に気がつく案は、組合幹部に抗議を行なうことだろう。「あなたたちは組合員たちのニーズがまったく分かっていない。本当にわれわれが欲しているのは経営陣との華々しい戦いのフリではなく、健康で安全な職場環境なのだ」といった抗議を組合幹部に対して強力に展開すれば、幹部も耳を傾けざるを得ないだろう。

「そうだ、これで良い」と思った人はまだまだ思考が不十分である。猫の首に鈴を付けるのが誰かという問いをまだ考えていないからである。いま、大きな組合の中で多数の組合員が不満を抱いている。この状況で誰かが強力な抗議を組合幹部に対して行なわなければ、皆の職業生活が良くなることはない。しかし、誰か一人でも大きな声で抗議をしてくれれば、それで組合幹部は自分たちの間違いに気づき、反省するはずだ。誰かが抗議すれば現状が変革できるのだが、誰が抗議してくれるだろうか。

「誰かが言えばいいのだ。自分がわざわざ抗議をする必要はないだろう。下手をすると組合幹部に嫌われるし、抗議をするのは時間もかかるし、疲れる。『自分勝手なことを言いやがって』と思われるのもしゃくだ。誰かが代わりにやってくれれば、自分の環境は改善されるのだから、自分がやる必要はないだろう」。

組合幹部に抗議行動を行なうというのは誰かが実際に苦労しなければならないのに、その結果として組合が変わり、組合員のニーズに敏感になってくれれば、そのメリットは抗議行動を行なわなかった人にも手に入る。つまり組合の体質改善は集合財であり、フリーライドが可能なのである。自分以外の誰かが抗議行動するのを皆が当てにして、自分はフリーライドしようと考えれば、誰も抗議行動に行かないという結果になり、組合員の声に無反応な組合という悪い状況が長々と続いていくことになる。

集合財とフリーライダーの問題が、極めて深刻であることがおわかりいただけただろうか。

†企業組織は常に水の中の足かきが必要

もちろんこの問題は、組合費だけに限った話ではない。勘の良い読者なら、この種のフリーライダーの問題は企業内にごろごろころがっていることにもう気づかれたに違いない。

そもそも企業組織というのは、機械ではない。機械なら時折油をさして、モーターを回していればかなり長い間動き続ける。ところがヒトが作りだしている組織は、そうはいかない。組織としてのまとまりを保ち続けるように誰かが努力していないとすぐにガタがくる。次代を担う若手を自分たちで育成しなければ長期的には生き残れない。組織運営の邪魔になる無用で有害な「厄介者」や社内野党がいる。この人たちを押さえ込んでおかないと組織は正常に動かない。

人間の作る組織は、現状のまま普通に存続させていくだけでも日々努力が必要なのである。そして組織を現状のまま普通に存続させていく努力が生みだす成果は、組織メンバーであれば誰でも利用できてしまう集合財であり、いつでもフリーライドされる危険に満ちているのである。

たとえば職場の雰囲気を考えてみよう。近年の風潮では、職場の雰囲気を軽視する傾向も見られるが、実際のところ、職場内で互いに反目しあうメンバーがいれば、その職場の仕事成果が低下するのは自然なことである。人間関係に悩むような環境にいて仕事ができるほどタフな人間はそれほど多くは存在しない。もちろん雰囲気が良ければ良いほど業績が上がるというわけでもない。ある程度「まとも」な雰囲気レベルを達成すれば、その後は他の要素で業績の高低が左右される。しかし、雰囲気が悪ければ業績は確実に下がってしまうだろう。人間が創り出す組織の場合、まず組織としての最低限のまとまりを創りだし、その最低限を維持する努力が必要なのである。

問題は職場の雰囲気をマイナスにならないように最低限維持する努力は誰かが注意深く苦労してやらなければならないのに、その努力の成果として得られる「職場の雰囲気の健全性」は職場内の誰にとってもメリットがあり、タダで利用できてしまう集合財だ、という点である。

職場の雰囲気を健全にするための注意深い努力を払う人は、その分だけ自分の本来の仕事に取りかかる時間とエネルギーをとられてしまい、必ずしも自分個人の業績を大幅に高めることにはならない。しかし、まとまりの良い職場ができ上がっていれば、全メンバーがある程度のメリットを受ける。つまり、誰かの努力にフリーライド可能なのである。できることなら誰だって、他の誰かに雰囲気作りの努力をしてもらって、自分自身は周りを気にせずに自分個人の職務に集中したいはずである。個人ベースの成果主義人事が導入されていけばなおさらそういう気持ちになるだろう。いったい、自分個人の仕事を若干犠牲にしてまで職場の雰囲気を維持する仕事を誰が引き受けるのだろうか。

†厄介者と恐い大人

フリーライドできてしまう集合財は職場の雰囲気ばかりでない。たとえば次代を担う若手の育成も、誰かが辛抱強く行なわなければならない作業だが、その結果として優秀な若手が育てば、若手育成に努力しなかった上司たちにもメリットが得られてしまう。若手を潰すミドルは、若手を搾取していると同時に、その若手を育てた他のミドルの努力にフリーライドしているのである。会社全体の長期的な健康を維持する活動を一部のミドルたちに押しつけ、自分はその活動にフリーライドして、苦労せずに楽してそこそこの業績を上げている人はどこの会社にもいるはずだ。ここでも、いったい誰が、自分の業績を犠牲にしてまで若手育成に時間をかけてくれるのだろうか。

一見フリーライダーの問題と無関係に見えるかもしれないが、「厄介者」を厳しく叱りとばす作業も周りの人からフリーライドされる集合財である。なんだかんだと言い訳を並べて仕事をずるずる遅らせている若手、とにかく文句ばっかり言っているOL、若手の企画に常にケチしかつけない拗ねたミドル、論理的な議論が通じず、会議の場で怒って大声で怒鳴る理不尽な人などなど、会社内には「厄介者」が必ずいる。普通の社員たちは、こういった「厄介者」への対処にいつも困っている。会議の準備をしたり、企画書の根回しをする場合にも、この種の「厄介者」対策が全仕事量の九割くらいを占めていたりする。だから、この「厄介者」を叱りとばし、黙らせてくれる「恐い大人」がいると、普通の社員たちは大助かりである。

ここでも誰がその「恐い大人」を演じるのかという問題が出てくる。誰かが叱りつけ、教え諭してくれれば、皆が助かる。問題は誰が叱りつけるのか、である。「叱りつけ、教え諭す」にはエネルギーがいる。勇気も必要だ。しかも、「優しい上司」や「優しい先輩」

を演じることができなくなる。明らかに「優しい上司（先輩）」は多くの人から愛される。「恐い上司（先輩）」は一面では頼りにされているくせに、陰では敬遠され、煙たがられ、批判される。しかも、最近は「恐い上司」を演じて部下を叱ると、引きこもったり、自殺したりする若手もいる。かなりリスクの高い役割である。誰だって、できれば愛される上司・先輩でいたいものだ。

誰かが自分の代わりに厄介者を叱りつけてくれれば、問題は解決するのだから、自分はとりあえず「優しい上司（先輩）」でいよう。皆がこのように考えれば、結果的に「厄介者」は好き勝手にやりたい放題のまま放置されてしまう。その結果、「厄介者」はますます増長し、その周辺の社員たちは皆が困惑した状態のままとどまる、ということになる。いったい誰が損な役回りを引き受け、「厄介者」を叱りとばしてくれるのだろうか。

†フリーライダー問題解決の基本方針

職場の雰囲気を最低限維持する。若手の育成に励む。「厄介者」を叱りとばす。これらはいずれも、誰かがやれば皆がメリットを享受できる集合財なのだが、積極的に自分から進んでその集合財を作ろうと思う人が必ず出現してくれるというわけではない。皆がフリーライドしようとして、結果的に皆が最悪の事態に直面するということが十分に起こりうる。

いったい、どうすれば良いのだろうか。フリーライダー問題の解決策の基本は、確実ではないが、単純ではある。つまり、責任感の強い人を採用・育成するという前提の上で、組織全体の長期的な運命と自分の運命が密接に関連していると思う人をある程度作っておくことである。「確実ではない」というのは、転職が活発になっていくにつれて、必ずしも多くの中間層が組織の運命と一体化してくれなくなるかもしれない、という意味である。しかし、「単純だ」というのは、とりあえず、それ以外に手がないということである。

たとえば組合でも、長期的に組合の中で生きていこうと考える若手が何人かいるのであれば、彼（彼女）らが主体的に抗議行動を行なっていくはずである。自分たちが将来その組合を背負って立たなければならないという当事者意識をもった人なら、他の人にフリーライドされても自発的に抗議行動をとるであろう。いや、取らざるを得ない気持ちになるだろう、と言った方が正確かも知れない。現代の日本における労働組合が抱えている問題は、どうもこの組合と一心同体と思うような若手を確保できるか否かというところにあるように思われる。

†エリート層の峻別

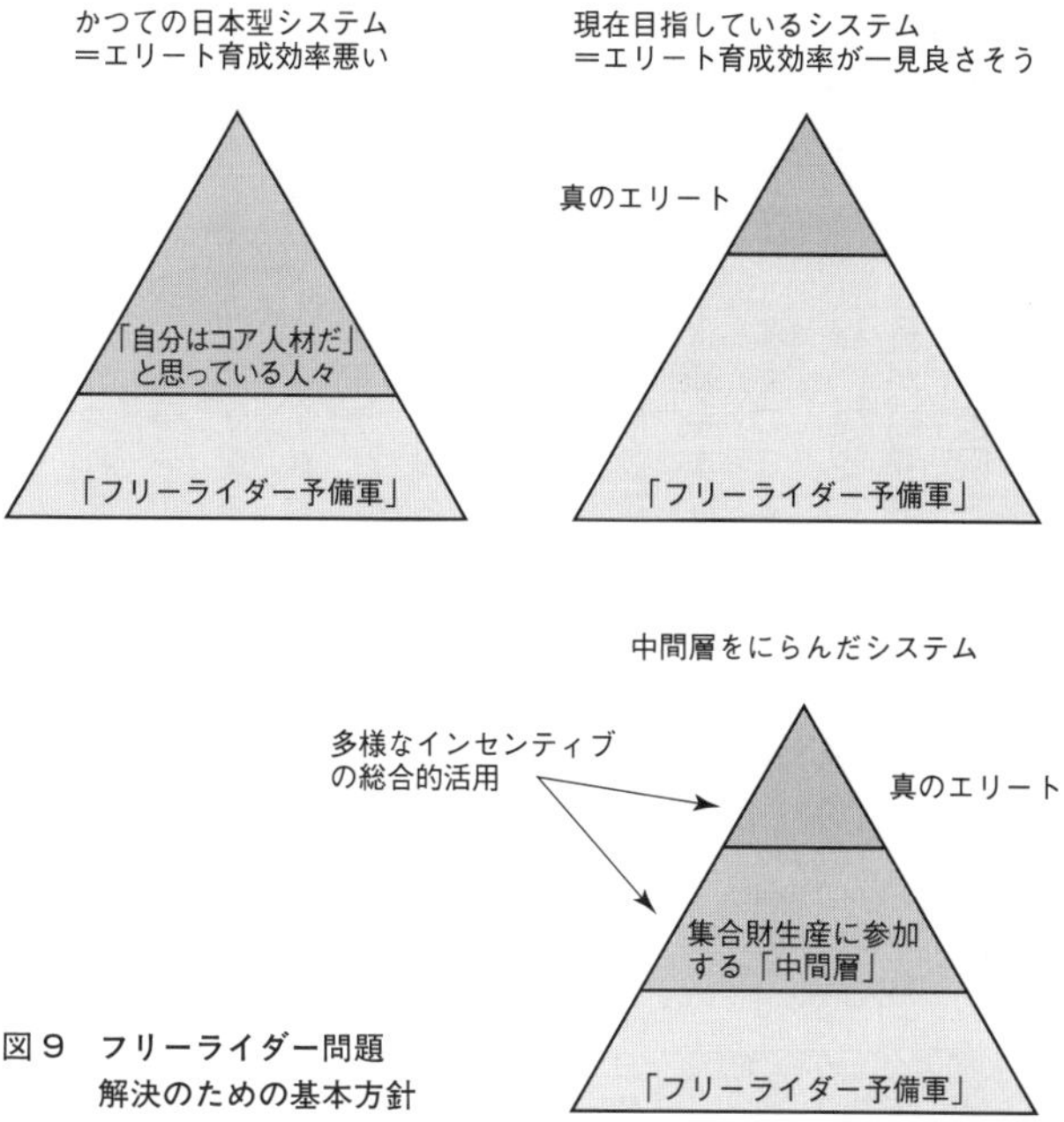

図９　フリーライダー問題解決のための基本方針

企業組織についても同様に、企業組織の運命と一心同体だと思っている人々を創れば良い。その際、図9の上段二つに示されるように、企業組織では具体的には二つの手があるだろう。ひとつは比較的多数の人々に自分たちがコア人材だと思わせて、できるだけフリーライダーの数を減らす人事管理システムであり、もうひとつはかなり少数の人々をコア人材として選別して、その少数者に集合財生産を委ねる人事管理システムである。

ひとつめ、すなわち、かな

り多くの社員が会社全体の長期的な健全性の維持に関心を抱くようなシステムから説明しておこう。これは、これまでの日本企業の採用してきた人事管理システムだと言っても良いだろう。このシステムでは、多くの社員が会社全体の長期的な健全性に関心を持たざるを得なくなるように配慮されている。

たとえば多くの学卒社員を比較的長期にわたって同列に並べて出世させ、落ちこぼれを出さないようにしてきた昇進システムはフリーライダーの発生を少なくする効果をもっていた。早々と出世競争から遅れれば、気楽にフリーライダーでいられるが、「まだまだ先がある」と思っている人は、なかなかフリーライダーになりにくい。しかも長期の考課期間があるので、誰が若手を育て、誰が若手を潰しているのかも、比較的明確になり得たはずである。さらに長期勤続を前提とすれば、会社全体が長期にわたって健全性を保っていなければ自分の退職金が危なくなるのである。

しかし現在、多くの日本企業が長期雇用は維持しつつも、横並びの昇進システムを早期選抜へと変更しようとしつつある。その場合には二つめの手で行くしかない。つまり、少数のエリート社員が周りの社員にフリーライドされても平気でいられるくらい大幅に高い賃金を獲得し、強い権限を発揮できるようにすること、また自分がかなり確実に会社のトップ層へと登り詰めていくという意識を早い段階から植え付けて、自分がフリーライダーになれば将来自分自身の率いる会社がダメになってしまうのだと早いうちから気づかせること。これである。

　近年、日本企業ではファースト・トラックを準備して比較的早い段階でエリート層を峻別し、同時に同期入社でも大幅な賃金格差が付くように人事管理システムを変更しようという動きが活発化している。たしかにこれまでの議論に基づいて考えれば、早期選抜と賃金格差を同時に達成しようという現行の企業努力は理にかなっているようにも見える。

†信頼できる中間層をどう確保したらよいか？

　しかし、問題は多くの人事担当者が考えているほど単純ではない。なぜなら、ファースト・トラックから漏れる社員の比率がこれまで以上に大きくなるのだから、当然、フリーライドしようとする人の比率はこれまで以上にずっと大きくなるはずである。しかも「雇用は守る」と言って長期雇用は維持しようとしているので、そのフリーライダーたちは社内にとどまり、勝手に文句ばっかり言っている「厄介者」化・社内野党化する危険があるからだ。

　いままでとは較べものにならないほど多数のフリーライダーと「厄介者」を両肩にのせながら、企業組織の長期的健全性を維持する努力は並大抵のものではないだろう。その

「並大抵ではない努力」に報いるには、現在多くの人々が想像している以上に賃金格差を広げる必要があるかもしれない。しかし賃金格差を広げすぎれば、エリートとノン・エリートの間で「階級意識」の対立が生じてきて、職場の雰囲気維持が困難になり、拗ねた「厄介者」がもっと多く出現してくる可能性もある。雇用の維持を前提にした日本企業を考えると、賃金の格差で報いるという方向にはある程度のところで限界があるはずである。

多くの人事担当者たちは、「賃金格差」というこれまでの禁じ手を使えるようになれば、ほとんどすべてのことが一気に解決すると期待しすぎのように見える。本当はそれほど簡単ではない。やはりエリートとノン・エリートの間に、当たり前のことを当たり前に黙々と処理してくれる信頼できる中間層がいないとエリート・システムもうまく機能しないのである。

しかし、中間層をどうやって動機づければ良いのか。賃金や地位はエリート層に集中した。だから、中間層に報いることは難しい。そう思う人も多いに違いない。しかし、既に前章「欲求階層説の誤用」を読まれた読者ならば想像できるように、ここでのカギは賃金と昇進以外のインセンティブをいかに開発するかという点にある。たとえば社内における名誉の配分や面白い仕事の配分、至極当たり前の「ありがとう」という言葉、などなど、もっと多様なインセンティブを総合的に使って、積極的に集合財を創ってくれそうな中間層をいかに確保するかということを考えないと、エリートたちが集合財生産に忙しすぎて早死にしてしまうかもしれない。

　図9の下段に見られるように、エリート選抜の部分だけでなく、多様なインセンティブを用いた中間層の活性化についてもっと広くて深い議論をしておかないと、精神的にも肉体的にも多くの企業組織が病んでしまいかねない。

第6章　決断不足

†決断

"Decision Making"を「意思決定」と日本語に置き換えたのは上手い訳だと思う。また組織を意思決定の連鎖という視点から捉えようとしたハーバート・サイモンの組織観にも十分納得するところがある。しかし、その後の組織論があらゆる組織内の決定をすべて意思決定という言葉で処理してきたことには時折不満を感じざるを得ない場面がある。というのも、サイモンの組織論では、軽い決定も重い決定も、共に何らかの選択である、という点で、同じ構造をもっているという前提に立っているからである。一般性の高い理論を創造する上では適切な処理だったと思う反面、組織内で生きている実感からすると、逆に重い決定と軽い決定とを分けて欲しいと思う人も多いのではないだろうか。

実際、簡単な意思決定ならできるが、重い決断はできないという人が多く、企業組織の運営に大きな問題を生じさせている。決断が不足しているためにずるずると業績を落としている企業や、みすみす貴重な事業機会を逃している企業が多いのである。こういう企業には、普通の意思決定をスムーズに処理できる人は多いのに、自分が責任をとって何かを大胆に決めることのできる人は少ないようだ。その意味では、決断と意思決定を区別しておくことが、組織を自分で運営しようという場合には重要になってくる。

決断は単なる意思決定ではない。「何かを捨てて、何かを取る」とか、「今から一時的に悪化しても、長期的に再浮上する」とか、「特定の人には不利になるが、他の人には有利になるという不公平な結果をもたらすけれども、組織の長期的な成長のためには不可欠である」等々、大胆で不連続な側面を持った意思決定である。決断は一部の人々に苦痛を強いたり、社員全員に一時的に苦労を要求したりすることになる。

簡単な意思決定なら、誰かが何かを決めたとしても、社内の不平不満が湧いて出てくることはあまりないであろう。しかし、決断は、必ず社内公論がわき起こり、批判する人と称賛する人に社員がまっ二つに分かれる、というタイプのものなのである。ゴー・サインを出せば出したで批判され、出さなければ出さないで批判される。多くの人の運命を巻き込み、それゆえに多くの人々から注目と称賛と罵声を浴びる。それが決断である。

†「バランス感覚」の落とし穴

こういった辛く厳しい決定を自分一人の責任で遂行できるというタイプの人が不足している。戦後の「民主主義」的教育を小学校から受けてきた人々は、企業に入っても「独断」を嫌い、周りの多数者が暗黙のうちに考えている「落としどころ」を探ろうとする傾向が強いように思われる。たしかに日本企業のように、長期にわたって同一の会社内に多くの人々がとどまり続ける傾向が強いコミュニティでは、皆が納得しやすい落としどころを敏感に感じ取り、その落としどころに向けてコンセンサスを形成していくという「バランス感覚」が企業を長期的に健全に保つ上で必要である。

しかし企業は、多くの人々が人生を過ごすコミュニティとしての側面ばかりではなく、利益を稼ぎ出すために作られた経済組織という側面も持っている。いやむしろ、そもそもは世の中に対して何らかの貢献を行ない、その対価としてお金を受け取って、利益を稼ぎ出すことが、企業の主たる側面である。だから、利益が出ていることが企業存続の絶対条件なのである。カネを稼ぐことが一〇〇パーセントになってしまった企業には一生を捧げるだけの魅力がないという気持ちは分かるけれども、逆に、カネを稼ぐことを一〇〇パーセント忘れてしまった企業は存続する価値がないこともまた真実なのである。

企業が稼いだ利益が、株主のものであろうと、労働者のものであろうと、利益を生みだせずに赤字のまま存続することは企業には許されていない。だから、企業が存続するために必要な意思決定のいくつかは、残念ながらすべての従業員にとって心地よいものばかりではない。時には従業員にとって厳しいものになるはずである。全従業員にとって一時的に厳しい意思決定になる場合も難しいし、一部の従業員にとって厳しく、他の従業員にとって厳しくない、という個人差の付く意思決定も難しい。こういった難しい意思決定が決断と呼ばれるにふさわしいものであろう。

†決断こそ経営者の仕事

考えてみれば当たり前のことだが、社員の総意を反映した「落としどころ」という答えしか出せず、決断ができない経営者・管理者は不要である。もし社員の総意のみを経営指針にするのであれば、皆の多数決をとれば済むはずである。今の時代、個人認証をどうするかという問題は残っているけれども、e-mail を使えば簡単だ。しかし、皆の多数決はしばしば衆愚政治に陥る。自分のことしか考えていない社員や、目先のことしか考えていない社員も数多い。こういった社員の多数決よりは、より賢明な決断を下せるはずだから、経営者・管理者は高い給料をもらっているのである。

他の従業員よりも大きな権限や所得を得ている経営者・管理者は、「ここぞ」というときに、従業員一般の多数決では到達できないような決断を遂行できなければならない。もちろん、いつも皆と異なる決定を下す経営者・管理者は単なるへそ曲がりである。単に大胆なだけで、内容的には暴挙にすぎないという決定もあるから、常に決断が必要なわけではない。しかし、逆に、いつも皆のコンセンサスでしか決められない経営者・管理者は無能だと言わざるを得ない。

実際、企業経営では皆が嫌がる方向へ敢えて踏み出さなければならないことがある。たとえばリストラの決断を多数決で行なうのはほとんど不可能であろう。出来ることなら雇用を保障し、皆で頑張って行きたい。そもそもリストラという決断に直面する前に、リストラが必要ないように自社固有の強みのない事業領域には進出しないとか、好景気でも採用人数を異常なほど増やしたりしない、といった経営をしていれば良かったはずだが、このまま雇用を維持しようとしたら倒産以外に行き着くところがない、という状況まで追い込まれたらもう仕方がない。こういう場合は全員が沈没するよりも、一部でも雇用を維持する方が良いと判断せざるをえないであろう。

たしかに会社を救うためにはリストラが必要だというところまではコンセンサスが得られる可能性は高い。しかし、残るのは誰で、切られるのは誰なのか、ということを考え始めればコンセンサスは形成できなくなる。とりわけ具体的な人名まで出てきたら、多数決でリストラを決定することはますますできなくなる。しかし、それでも、責任を取って誰かが決めないとならない。

リストラという決断は、短期的には一部の人々に苦痛を強いるものではあるが、長期的には企業が健全化するためにやらなければならない必要悪である。しかし必要だとは分かっていても、この必要悪を従業員の多数決によって決定することは難しい。誰かが不利になり、その「誰か」が自分になる可能性があるような決断は、大規模な集団になると合意形成が難しいのである。だからこそ自分で決断のできる経営者・管理者が必要なのである。

†安泰な時代が創り出す「落としどころ感知器」

しかし長期にわたって安泰な時期が続くと、企業内で出世していく管理者のタイプが徐々にコンセンサス重視型に偏っていく。なぜなら、そもそもコンセンサス重視がプラスの効果をもつからである。

ゆっくりとした変化しかない「安泰な時期」には、皆のコンセンサスを重視する経営が合理的である。社員のコンセンサスを重視して方針を決定すれば、実際に実行する社員たちがその方針に強くコミットするようになる。皆の総意が反映されているとか、自分の意見もくみ入れてもらっているのだ、という意識が働けば、他人の意思決定結果をイヤイヤ遂行するよりも、実行段階で高い成果を達成できる。

「安泰な時期」というのは、決断の良否がそれほど重要ではなく、実行の良否が重要であるような時期でもある。環境も安定しており、企業のやるべき業務も決まっている。そういう場合には、実行時のちょっとした仕上がりの違いが大きな差を生むものだ。こういうときには、コンセンサスを重視する方が平均的に高い業績を達成できるのは明らかである。

コンセンサスを重視する方が実際に高い成果を期待できるのであれば、コンセンサスを重視する人が経営管理者として昇進していくことになる。そうであれば、長期にわたって安泰だった企業では、コンセンサス重視が実際に高い経営成果に結びつき、「これまではこのやり方で成功してきたのだ」という強い信念を持った人々が組織の上層部の多数派を占めているはずである。

コンセンサス重視型の経営管理者が多数派になると、決断重視型の若手は排除され始める。決断重視型の若手は「場乱し」であるとか、「青い」とか「配慮が足りない」というレッテルを貼られ、出世競争から脱落してしまうであろう。安泰な会社の経営管理者はますますコンセンサス重視型になり、決断重視型への変革の切っ掛けを失っていくのである。

なお、ついでながら、ここで述べたようなことは、本当は「安泰」ではないのに、皆が

「安泰だと信じ込んでいる」という状況でも同様に発生する。たとえば親方日の丸の公務員の世界では、本当はしっかり費用対効果を考えて仕事をしなければならないはずなのに、それを気にしなくても倒産しないので、知らず知らずのうちに皆内向きの配慮行動を重視するようになっていく。内向きの議論が主戦場になり、外向きの競争に関する対処等が後回しにされる。

あるいは、売却可能な資産の蓄積が大きく、数年赤字が続いても倒産しそうにない大企業も、公務員ほどではないにしても、極めて危機意識が薄く、内向きのコンセンサス志向を強めすぎてしまう。本当は既に「末期的」で「安泰」ではないのに、本人たちは「まだまだ大丈夫」と心の片隅で思っている。だから決断ではなく内向きなコンセンサスを優先できてしまうのである。こういった組織には本当に「落としどころ感知器」のような経営管理者が多くなる。

†沈黙の反対

「落としどころ感知器」のような経営管理者たちは、組織内で大胆な改革案が出てくると「沈黙の反対」に回る。裏に回ると、「あの案は、こういう問題もある、ああいう問題もある」といろいろ批判をする。しかし、「落としどころ感知器」たちは表だっては、積極的に反対とも賛成とも発言しない。だから「沈黙の反対」なのである。フォーマルな場面で問われれば、「この案には○○という見るべきところがあるものの、□□という問題もまた認識しておくべきであろう」といったような賛成とも反対とも付かないあいまいな発言しかしない。

大胆な改革案の提案者はこの「沈黙の反対」の中で孤軍奮闘していく。表では賛成者がなく、裏では痛烈に批判される。「沈黙の反対」をしていた人々は、うまく改革が成功すると、「○○という見るべき点があると言っていただろう」と以前から賛成だったかのような発言をする。あるいは「黙認という形でサポートしていたのだ。オレの黙認というサポートがなければ君の案は成功していなかったのだぞ」と恩着せがましいことを言ったりする。これが分かっているから、「落としどころ感知器」の増えてしまった組織では、大胆な改革案を提案するのがますますばかばかしくなる。決断志向の若者は育たず、いつも大勢がどちらに傾くかを一所懸命に気遣っている若手・中堅が増えていく。こうなったら決断のできる経営者など育たなくなって当然であろう。

†威勢ばかりが良い企画

決断が不足すると、組織にはどういう徴候が現れることになるのだろうか。簡単に言

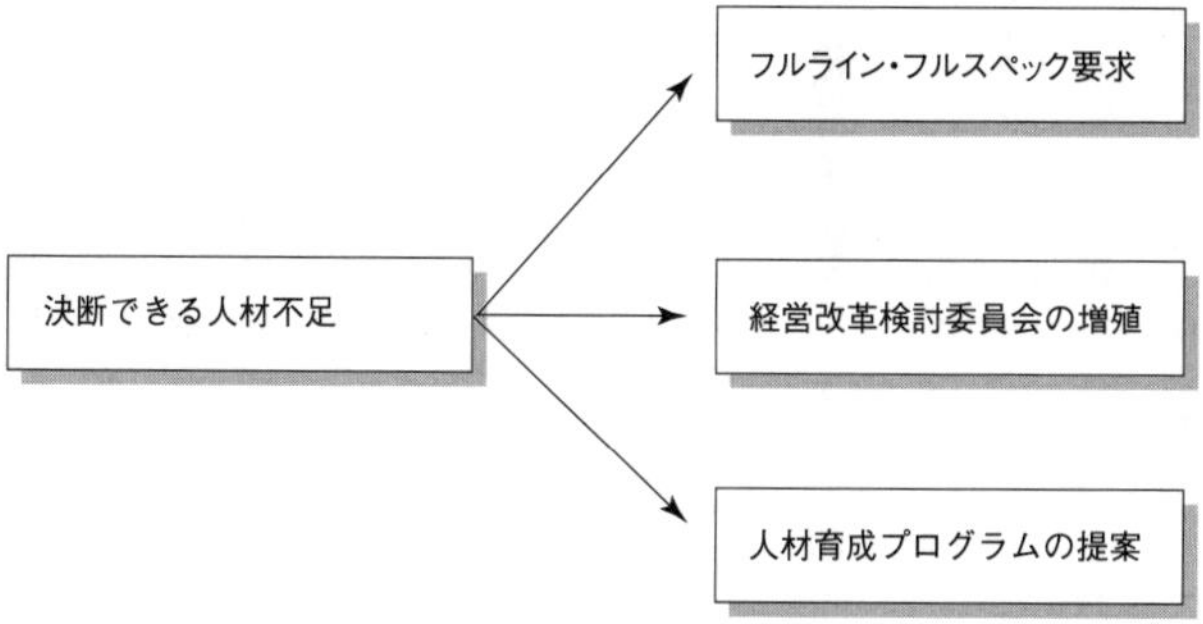

図10　決断不足の3つの徴候

えば、図10に見られるような三つの症状が出てきたら決断不足を疑うべきである。

まず第一番目の典型的な徴候は、製品開発プロジェクトなどで、フルライン・フルスペックの仕様書が多数出てくることである。コストは他社より低く、すべての性能に関して他社競合製品を上回るものを、他社よりも早く市場に導入せよ、というような要求が出てきたら要注意である。仕様書ばかりでなく、戦略計画も同様に全方位全面戦争型のものが出てきたら要注意である。成長率・新製品導入比率・ブランドイメージ・粗利益率・売上数量・対象地域数等々、多様な目標数値のすべてに関して、競争相手と同等かそれ以上を書き記しているような戦略計画が出てきたら、何も考えていないことの証である。

言うまでもなく明らかだと思うが、上のような要求は誰でも決められる。すべての点で他社製品よりも優れているものを作るべきだとか、すべての点で競争相手よりも高い経営成果を達成するべきだというのは定義的に誰も反対しえない。問題は時間や人材や予算の制約があるから、すべての点で競合品や競争相手を上回ることは簡単にはできないというところにある。だから、一部については目をつむってもらうか、いま負けていても数年後に逆転するという経路を受け容れてもらうか、といった決断が必要なのである。

フルライン・フルスペックの製品企画や全方位全面戦争型の戦略計画などは、何も考えていない、何も決めていない明白な徴候なのである。しかしこういう威勢の良い企画・計画を出した当人は、自分では決断したという幻想に浸ることになる。「自分は決めた。開発部門の力不足が問題なのだ」あるいは「戦略は立てたのに、実行部隊が抵抗勢力だった」と自己弁護に走るに違いない。

✝経営改革検討プロジェクトの乱立

二つ目の徴候は、社内で多様な経営改革検討委員会（プロジェクト）が増えることである。サプライ・チェーン・マネジメント、IT革命、e-ビジネス、ナレッジ・マネジメント等々、新しい経営用語が生まれてくると、それに対応して次々と経営改革検討プロジェクトが創り出される。

こういった経営改革検討プロジェクトが増えていく理由は二つある。まず第一に、「落としどころ感知器」のようなトップは、社内のコンセンサスに注意を向けるばかりでなく、世間一般の経営方法にも注意を向けているのである。自分自身でモノを考え、決断を下す原理を確立していないから、他社の経営者たちを見て、世間的に見て自分の所にふさわしそうな経営手法の「落としどころ」を探しているのである。

しかも「世間の相場」が分かっても、そのまま決めることができないという点が二つめの理由である。もし本当に必要だと自分が判断したのであれば、「検討」などさせずに即座に導入すれば良い。導入の際に気を付けるべきポイントも、事前に自分で見極めておくべきであろう。各部署から人を出させて検討委員会なるものを作るというのは、経営者たちに思慮が欠けていて、決断できていないということを疑わせる。あるいは衆知を集めて民主的に経営している見かけを作りすぎなのかもしれない。

いずれにせよ、経営者からすると、何本ものプロジェクトを次々と身の回りで起こしているのだから、一見、「自分は経営者らしくいろいろ決断している」と自己満足しそうな状況である。しかし現実にはその経営者の周辺にいる中堅や若手が忙しくなるだけで、何も決まらないことが多い。経営者自身は、検討委員会を作ることを決めただけであって、会社をどの方向に向けるのかを決めたわけではないからである。同様に、「戦略を考える委員会」をスタートさせることを「決めた」というのは戦略を決めたことにならない。だが、決めた人は自分が決断したかのような錯覚を手に入れてしまう。

†見当違いの人材育成

人材育成も、決断できないときに決断を装って創り出される解答の典型である。これが三つ目の徴候である。人材育成はどのようなときにも常に必要だから、誰も批判はしない。「自分はこういう人材育成プログラムのスタートを決断した」という決断の満足感も与えてくれる。

しかし問題は、現在直面している課題の解決には人材の育成が時間的に間に合わない、というところにある。人材の育成には時間がかかる。いま目の前の火を消さなければならないのに、その火を消せる人材を育成しましょう、という解決策は意味がない。人が育つ前に火が燃え広がってしまうからである。問題解決の時間的な間尺が合っていない提案が出てくるようになれば、思考が足りないことは自明である。思考の足りないところに、本当の決断・英断は存在しえない。

†まずはトップが決断を

決断不足の徴候が現われてきたら、どうすれば良いのだろうか。これまでの議論から明らかなように、「決断できる人を増やすべく人材育成プログラムを開始する」というのでは間に合わない。そういった人材育成プログラムは確かに長期的には必要だが、それだけではいまを乗り切ることができないということである。

まず第一にやるべきことは、トップ自らが多数の検討委員会の数を減らすことであろう。上に立つものが「皆の意見を集めて」というような配慮をしすぎるから、何も決まらないのである。トップに立つ人がまず何かを決断するべきである。とりわけ事業構成などはミドルでは決められない。人減らしという意味でのリストラではなく、言葉の本来の意味での事業構成の再編＝リストラクチャリングも、やはりトップの責務であり、ミドルが勝手に決めることはできない。

もちろん自分で勝手に考えるわけではなく、ミドルと相談しながらではあろうが、それでもどの分野に注力し、どの分野から撤退するかという最終的な決断はトップがまず下さなければならない。トップが根本の所を決断することができれば、そしてその決断が向かっている方向性を明確に周りに伝えることができれば、ミドルたちは自らも決断せざるを得ない状況に追い込まれる。

大きな組織の枠組みや基本ルールもトップでなければ変革できない。創業期から続く不文律とか、工場プロフィット・センター制とか事業部制とか、会社固有の強みを代表してきた組織の枠組みなど、ミドルでは破壊することができない。OBたちの大きな罵声を浴びつつ、あえてトップが決断しなければならない領域である。

それまで、「トップが決めてくれなきゃ、こっちは何も決められない」と言ってトップを批判しつつ、自らも実は決断できないでいたミドルは、トップが決断を下すことで逃げ道を奪われる。しかも、トップの決断に較べれば、トップが決断してくれた後を受けるミドルの決断は随分簡単である。だから、ミドルたちを無理矢理にでも決断せざるを得ない状況に追い込むように、トップがまず決断を下すこと。これがひとつめの対処法である。

†エースの無駄遣いに注意

第二に、いま組織運営のボトルネックになっているのは決断のできる人なのだから、このボトルネックが生きるように細心の注意を払うべきである。どこからどこまでが各自の責任範囲なのかがあいまいな日本の組織では、少しでもできる人には大量の仕事が集中してくる傾向がある。一つの課の仕事の八割くらいを一人の人間が処理し、残りの数名があとの二割を処理しているという状況など、日本中どこに行っても見受けられる。

忙しくて死にそうだと思っている当人には申し訳ないが、エースに重要な仕事が集中するのは組織全体にとっても適切だから、経営上の深刻な問題ではない。問題は、重要でない仕事までエースに集中してしまうという点にある。本当のボトルネックであるエースの仕事処理能力を無駄遣いしてしまうことになるから、こっちの方は経営上の深刻な問題である。

決断のできるエースの数はどの会社でも限られている。だから、トップ・マネジメントは、まず社内のエースが誰なのかを明確に認識し、そのエースたちには本当に決断を必要とする重要な仕事しか回さないようにすることが重要である。ボトルネックになっている人に仕事を回すときに、本当に重要な決断が必要な案件のみにとどめておく、という自制が必要なのである。

†トップが決断できない組織の悲劇

この二つの解決策はトップが決断できる人であることを想定して書かれている。しかし「わが社ではトップが決断できない」という場合もあるだろう。安泰な時期をあまりにも長く過ごしてきた会社では、史上最高の「落としどころ感知器」として社長や会長にまで登り詰めた人もいるだろう。この場合、社長や会長は社内のコンセンサスを一所懸命に探り、社内の公論がまっ二つに割れるような状況では決断できずに、決定を先延ばしにしていってしまうということが生じる可能性がある。

　トップが決断できない人であっても、トップ周辺の人間がトップに無理矢理に決断を迫ることができれば、どうにか組織は動いていくだろう。たとえばトップの補佐役の人間が決断の「締め切り」の日時を決めてしまうといった極めて単純な仕組みづくりだけでも、有効な場合がある。だから、トップを決断せざるを得ない状況に追い込めるほど、手練手管に通じた人がトップの周辺にいるのであれば、まだ大丈夫である。しかし、「そのトップ周辺の人々も決断できない」という会社の場合には、これはもうどうにもならない。早々に転職を考えるべきであろう。

第7章　トラの権力、キツネの権力

†権力＝パワーの源泉

権力＝パワーの源泉が何であり、それをどのように配分して組織を設計すれば良いのか。既存の組織論が用意している答えは簡単である。まず組織論で登場する権力＝パワーの源泉がどのようなものであるのかを確認しておこう。パワーの源泉を大まかに分けると、だいたい次の四つに分かれる。

①　賞罰のパワー……年収を増減させたり、出世の確率を増やしたり減らしたりする能力をもつ人が他者に権力を行使できるというのは明らかであろう。

②　正当性パワー……賞罰のパワーは分かりやすいが、部下がいちいち得か損かを計算して初めて上司の言うことを聞く、という組織は効率的ではない。通常は、得か損かを計

算することなく、服従を当然視している状況になっていないと組織はスムーズに動かない。「民主的な手続きを経て決まった法律だから従うのが当然だ」とか、「正当なる権限をもつ部長の命令だから従うのが当然だ」と人々が思いこんでいる場合に発生しているのが正当性パワーである。

③ 同一化パワー……部下が上司と心理的に一心同体（＝同一化）になっていることから発生する権力である。「この人のためだったら日曜もつぶして働いても構わない」と思わせるような人間的魅力がその源泉である。愛が人の行動を左右し、カリスマが人々を操作する背後には、この同一化パワーが作用している。

④ 情報パワー……専門的な知識や優れた情報をもっていることを基盤とした権力が情報パワーである。一部の無謀な人を除けば、多くの人は健康の専門家である医者の言うことを聞くであろうし、税理士や弁護士の言う通りの行動をとる。いわゆるプロフェッショナル（高度専門職）のアドバイスがもつ力が情報パワーであるが、プロフェッショナルに限らなくても、社内で特定事業に詳しい人の言うことに「一目置く」ということはしばしば起こっているはずだ。

こういった四種類の権力＝パワーのうち、組織論ではとりわけ最後の情報パワーが重視される。組織の直面している環境が単純で安定的であれば、正当性パワーで十分であり、その方が安上がりである。しかし現代社会のように環境が複雑で不確実であれば、情報パワーが最も望ましい、と組織論の教科書は言う。不確実性が高いということは、事前に決めてあった手続きや判断基準が必ずしもうまく機能しないことを意味する。だから、その都度、右に行くか左に行くかを判断しないとならない。このときに、事前に決めてあった地位の上下や事前に決めてあったルールに基づいて決定を行なうというのはバカげている。そのときそのときの判断に必要な情報を最も厚く蓄積している人が判断を行なうのが良いはずだ。

しかも、組織にとって重要な問題が発生している部署に情報・知識をベースにした権力があり、そこに正当性パワーと賞罰のパワーを一致させておけば、組織設計上は最適解になるはずである。問題の発生場所と、その問題に答えを出せる知識が近い位置に置かれていればいるほど、速くて精確な意思決定ができるはずだからである。それゆえ、環境の複雑性・不確実性が高まるにつれて、現場で大量の問題が発生するのだから、意思決定ポイントを組織階層の下位にシフトし、分権的な組織にすれば良いのである。ビジネス・スクールで教科書的に教える組織設計のエッセンスはこのように単純素朴である。

この単純素朴な権力論が正しければ、組織の問題はそれほど難しくない。なぜならこの場合には、自分の権力を大きくしようと考えれば、自分で努力して出世したり、知識を身につけたり、人間的魅力を高めるしか手がないからである。逆に、知識を持ち、人間的魅力にあふれた人が出世して権力を握っている組織は健康だと言える。

しかし、これではわれわれが常日頃経験しているドロドロとした権力の本質が捉え切れていない。実際には右の四つ以外にも権力の源泉がある。さしたる予算も持たず、知識もなく、人間的魅力の欠如した人でも組織内でパワーを身につけ、自分の思い通りに他人を動かせるようになる人がいる。思い通りに他人を動かせないまでも、人の仕事の邪魔をしたりする力を発揮できる人がいる。こういった奇妙なパワーを発揮しつつ、結果的に、そこそこの地位にまでたどり着く人がいて組織疲労を起こしている。

†「厄介者」の権力

そのひとつの例が「厄介者」の権力である。厄介者が権力をもつというのは逆説的に聞こえるかもしれない。これは「人前で大人げなくすごんだり、大騒ぎすることができる」という育ちの悪さを基盤とする権力である。

「理詰めの議論が通じない。すぐ拗ねたり、会議の場で大きな声を上げてすごんでみせたりする。何かと言えば大騒ぎをして社内外に誹謗中傷をふりまいて歩く」。こういった「大人げない行動」を人前で平気でとれる人を「厄介者」と呼んでおこう。「大人」の世界における「子供」である。あるいは「紳士」の世界における「やくざ」である。その組織に厳しい大人がいて、この厄介者を叱りとばしてくれるのであれば大きな問題は生じない。厄介者＝「子供」は厳しい大人の前では静かになってしまうからである。

だが多くの日本家庭では「ケンカをしてはいけない」とか「人前では大声で怒鳴らない」という信条を子供に教え込んでいる。だから育ちの良い社員たちは、厄介者が大騒ぎをし、すごんでいる場面に対処するのを苦手とする。おそらく本質的には、多くの人々の面前で大声で怒鳴られたり、誹謗中傷を浴びたりするということに対する恐怖心が、育ちの良い人々には備わっているのだろう。「なんだか事情は分からないが、あの人は大声で怒鳴られている」と周りの人からの注目を浴びてしまう。「本当の所は分からないけれど、こういう風評がたってしまうにはそれなりに何かあるかもしれない」と疑いの目で見られたりする。

本来なら、ここで真っ向から対立して怒鳴り合いを演じても良いのだが、子供の頃からしっかり躾られてきた優等生はそのような大人げないことはしない。「ここで事を荒立てては社内に混乱が生じる。こんなくだらないことでアイツと争っても仕方がない。なにせアイツは『子供』なのだから。ここはひとつ、アイツのわがままを通してやっておくか」と育ちの良い「大人」は考える。

†優等生組織の疲弊

育ちの良い優等生の「大人」たちが組織内で多数になると、厄介者の言うことがかなり理不尽であっても、組織として通してしまう場合が出てくる。ひとたび通してしまうと前例になる。少しずつ理不尽さが増えたものでも、徐々に通っていってしまう。知らないうちに、皆が理不尽であることにすら気づかなくなってしまうことさえあり得ないではない。

組織が成長し、人気企業になってくると、優等生が増えてくる。企業ばかりではない。外務省等々の官僚の世界も、安泰な世の中が続くと、大人しい優等生が支配的になっていく。増えてきた優等生は厄介者と対決したり、叱りとばしたりする厳しさを人前では示せない人が多い。伝統のある一流企業ほど優等生が多く、それゆえに、厄介者が奇妙なプロジェクトを通したり、比較的有望なプロジェクトをつぶしたりする権力を握ってしまう場面が出てくる。

しかも、この厄介者には事前の根回しが不可欠である。「へそを曲げたら大変なことになる」。「その場で理詰めの議論が通じないから、騒ぎ出されたら収拾のつかない状況になる」。こうして理詰めの議論が分からない人が騒ぎ出さないようにするために、多くの社員の労力が会議の前に大量に割かれるようになる。トップの誰かが叱りとばしてくれれば簡単に解決するのだが、そのトップの人々も事を荒立てず、「良い人」として振る舞うようになってしまうから、周りの多くの人たちが右往左往することになる。まさに組織疲労である。

†キツネの権力

組織疲労の原因となる権力はこればかりではない。もうひとつ非常に重要なものがある。それをキツネの権力と呼んでおくことにしよう。これは他の権力者と普通の人々との間をとりもつメッセンジャーがもつ権力であり、その権力者に会いに行ける唯一の人間であることを権力基盤とする。トラの威を借るキツネの権力である。

そもそも権力を行使しようとするとき、人間は「自分のため」という理由を公言して人に命令するということはほとんどない。組織内で行使される権力はほとんど常に「会社のため」だとか「顧客がそのように要求しているから」、「社長の意向だから」という主張をベースにしている。本心はともかく、言葉の上では、エゴイズムではなく、全体のため、あるいは他の人のためなのだと主張するのである。

しかし、本当は何が会社のためになるのか、顧客が本当にその要求をしているのか、本当に社長はそれを望んでいるのか、ということが社員一般に知れ渡っているということはほぼあり得ない。ここに問題の源泉がある。つまり、「社長の意向だから○○せよ」と言われても、本当に社長は「○○せよ」と考えているのか否か通常は確かめようがない。だから、まるっきりのでっち上げとまで言わないまでも、社長の本当の意向よりもむしろメッセンジャー自身の勝手な意向に近いものが、「社長の意向」として組織内に伝播していくという可能性がある。この点にキツネの権力を問題視する意味があるのだ。

†誰も知らないトラの素顔

まず顧客の声を利用したキツネの権力について考えておこう。顧客は「怖い」存在である。会社が売上を達成し、利益を獲得できる源泉として、生殺与奪の権を顧客は握っているのである。顧客はそれ自身が権力＝パワーをもつトラである。しかしその顧客の声を会社、とりわけ研究開発サイドに伝えている営業部長は、もしかすると単に顧客の声を伝えているのではなく、顧客というトラのパワーを利用して自分の都合の良いように会社を方向づけようとしているのかもしれない。

たとえば、営業部長に対して「もう少し安くなってくれるとうれしいのだが」とお客さんが伝えたとしよう。どんな場合でも安くなったら顧客はうれしいのだから、この程度の発言は日常茶飯事のはずだ。しかしこういった「安くなると良いな」という程度の発言が実際に研究開発部門に伝わる際には、「次世代の機種は現在の半額の価格になっていなければもう買わない、とほとんどのお客さんが強く主張している」というくらい強い主張に仕立て上げられることもある。顧客というトラを利用して社内で権力を行使するのである。このような場合に営業部長の行使しているパワーがキツネの権力である。

キツネの権力は、図11（次ページ）に描かれているように、奇妙なやり方でどんどん大きくすることができるという厄介な性質をもっている。誰も直接見たことのないトラが実際以上に強く凶暴だというイメージをでっち上げれば良いのだ。実際以上に大きな「外圧」を演出するということである。顧客が実際以上に賢く、強い交渉力をもち、厳しいクレームをつけてくるという神話や、競争相手がこちらよりも圧倒的な開発力をもち、はるかに賢く、効率的に新製品開発を進めているという競争相手の神格化など、しばしば見られるように思われる。

上司―部下というタテの関係でもキツネの権力は同様に発生する。課長が一般社員に対してかなり無理な命令を下すとき、「いや実は部長がどうしてもと言ってきかないんだよ」と言う。しかし部長は部長で「いや実は専務がどうしても……」と言う。こうして誰が本

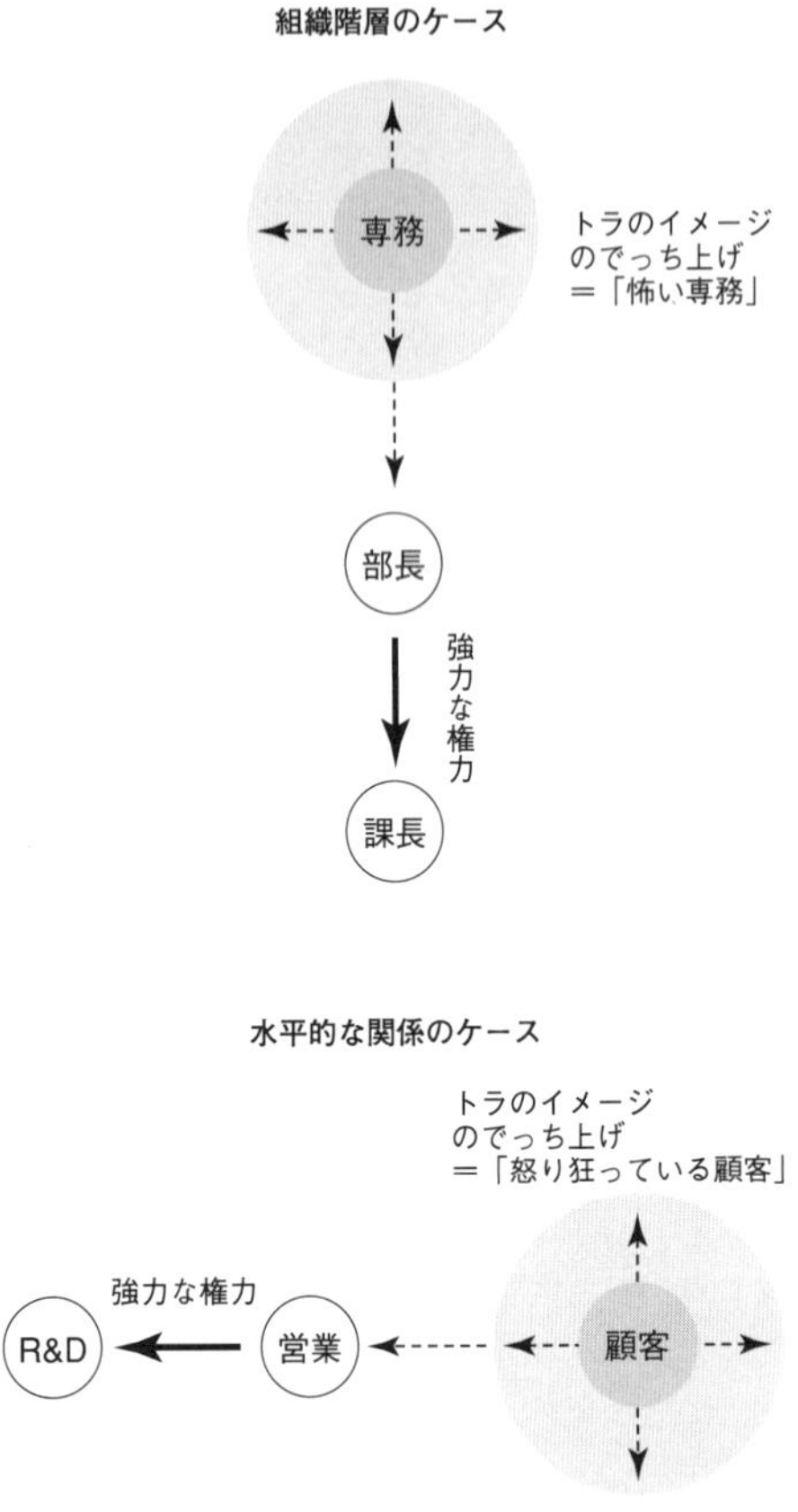

図 11　キツネの権力

当にその命令を出したのかが分からないまま組織内で物事が進んでいく。

　この場合にも、強く凶暴なトラが創作される。「A専務が強硬に反対している。あの人は切れ者で、鋭い質問を矢継ぎ早に飛ばし、こちらは完全に追いつめられてしまう。あの人に睨まれたらおしまいだよ」という神話は、その後、自己強化していく。皆怖がって直接その専務に会いに行かなくなるからである。そうなると「あの専務はわれわれの仕事に対して最近いろいろご不満をお持ちのようだ」と喧伝することで、トラと一般社員の間で伝達調整役をつとめるキツネたちの権力はますます増大していく。その専務は誰も直接会いに行くことのない怖い人として神格化され、会社内の「天皇」として崇め奉られるようになる。A専務本人は自由闊達に自分の意見を述べていただけなのに、知らないうちに「天皇」に祭り上げられてしまい、その「天皇」のお言葉を伝えるキツネが強大な権力を握ることになる。

トラとなり得るのは、顧客や上司ばかりではない。一般大衆とか、外国の政府・世論等々もしばしばトラとして演出される材料になり得る。たとえば上司である外務大臣を失脚させるために、「アメリカ政府が現行の外務大臣の言動に対して強い懸念を表明している」と高級官僚が発言したりする。あるいは実際に騒いでいるのは一部の大衆なのに、その声を過大に評価して、「現行の政策を続けていると支持率が急落するぞ」と言って圧力をかけたりする。本当の大衆全員の意見を拾い上げることができないのだから、むしろマスコミと手を結んで一部の人々の不満を大げさに報道してもらうように仕組むことができれば、その人は大きな権力を手に入れるであろう。

「市場の声を聞け」という発言も類似の現象かもしれない。実際に生じているのは平均株価が上がったり、下がったり、といった価格の上下だけであり、なぜ価格が上下したのかは実は分かっていない。ところが、一部のアナリストたちは「市場は政府の政策を嫌気した」から価格が下がったのだという解釈を事実であるかのように主張する。そのアナリストたちが自分の望ましい政策を政府から引き出したいから、自分に都合の良い解釈を事実であるかのように喧伝しているのだとすれば、一人ひとりの顔が見えない「市場」というトラを利用して、政府に対してキツネの権力を行使しようとしていることになるであろう。

†必要不可欠な調整型リーダー

いろいろな所でキツネの権力が見られ、まだまだ多様な現象に言及していくこともできるが、もう一度、企業組織に見られるキツネの権力に話を戻しておこう。企業組織に関連する場面こそ、まさにこのキツネの権力が生き生きと観察できるところだからである。

ここでは、とりわけ、キツネの権力と外見上よく似ている調整型リーダーのパワーについて考えておこう。一方のキツネの権力は組織疲労の象徴であるのに対し、調整型リーダーは組織のスムーズな運営に不可欠な存在である。

組織というのは分業しながら共同作業を行なっているシステムである。分業すれば、それぞれの仕事に合わせて事情が異なるようになり、利害関係が対立し、意志疎通が難しくなるということはしばしば生じる。製造部門は稼働率を気にするが、営業部門は顧客の注文に対する即応を重視し、研究開発部門は自社の技術的独自性を重んじたりする。その意味では、異なる志向性をもつ人々を調整する仕事が必ず必要になる。

だから、異なる志向性をもつ部門間を調整するリーダーは、たしかに組織運営をスムーズに進める価値のある仕事をしている。そして調整型リーダーと呼ばれる人の中には、本当に難しい組織内の調整をうまくこなしているがゆえに調整型リーダーとして尊敬を集めている人がいる。だが、このホンモノの調整型リーダーの外見をマネして、実際には単にキツネの権力を創造し、操作しているだけの人もいる。

両者を弁別する試金石は何か。どちらのパワーも、対立する志向性の間をとりもつことで発生するのだから、簡単に外見上見分ける方法は、残念ながらない。ただし、キツネの権力基盤について少し考えてみることで手がかりらしきものは分かる。

†調整型リーダーの真贋

キツネの権力は、顧客と研究開発部門にせよ、専務と課長にせよ、二つの隔たった者の間を調整する立場を利用して創り出される。しかも、この二つの者たちが離れるほど、また両者が直接対面することがなくなるほど、キツネは勝手にトラのイメージをでっち上げ、キツネの権力を強大化することが可能になる。だから多くの場合、キツネは二つの者の距離を広げるために努力を惜しまない。たとえば一方の側が他方の側に悪感情をもっているという虚偽の噂を流し、相互に嫌悪感を高めあうような状況を演出したり、「恐い専務」や「怒り狂っている顧客」というイメージをでっち上げたり、直接当事者どうしが話し合いに行くことを「大人げない」と批判することによって、である。

キツネにとっては二つの者が直接相互作用して、相互に相手の真意を確かめられたりすると困るのである。本当は直接会合して「腹を割って」話し合えば、問題が簡単に解決するケースは多々存在する。しかし「問題が簡単に解決」してしまっては、キツネは自分の存在価値を高めることができない。「素人」が調整に行くことができないとか、「素人」では調整自体が不可能だ、というような状況を演出しなければキツネは自分の権力を維持できない。逆に、一方の側が他方の側を極度に恐れるようにしむけたり、両者が互いに憎しみ合うようにしむけることができれば、キツネの権力は強化される。だからキツネは極度に恐い専務を作り上げ、「営業の常識がてんで分かっていない研究開発部門」や「研究開発の苦労に耳を貸そうともしない営業部門」をでっち上げるのである。

このように考えれば、「顧客のところに直接行って聞いてくる」とか「専務に直接尋ねてみる」といった提案に対して、「それは貴方のテリトリーではない」とか「組織のルールを無視している」、「大人げない」といった批判によって応える場合は要注意である。調整型リーダーではなく、単なるキツネである可能性がある。本当に大変な調整作業を行なっているのであれば「それほど言うなら自分で行って確かめてこい」と言えるはずだからである。

皆が追求している最終的な目的は異なる志向性の調整であるのに、その最終的な目的に貢献しそうな行動を手続き論でストップするというのは、本筋から外れた妨害行為である。すべてのルールが無意味だと主張するつもりはないが、組織行動の統合という重要な問題に較べれば、この種の管轄範囲のルールなどは破っても差し支えないはずである。組織目的の達成よりも手続きを重視して両者の直接交渉を阻害しようとする行動は、キツネの証である可能性が極めて高い。

†キツネの権力の予防法

ここまで考えてくれれば、キツネの権力が発生しやすくなる仕組みがどのようなものかの見当もついてくるであろう。結論を先取りすれば、複数の部門の調整を担当するポスト（リエゾンと言う）を作らないこと、できる限り直接当事者が話し合うようにすることである。当たり前なのだが、多くの企業人が逆の選択をする機会も多いので、簡単に解説を加えておこう。

まず、キツネの権力が発生してくる典型的なプロセスは、高度な分業から始まる。分業を高度に進めていくと、異なる部門で異なる志向性が発達する。そうなると複数の部門をまたがる調整が難しくなっていく。利害も対立するし、言葉づかいすら異なる場合も出てくる。この志向性の相違にどう対処するかがキツネの権力を生みだすか否かの分かれ道である。

†調整専門のポストを作らない

この分かれ道に直面して、「調整そのものに集中するポストを作って担当者を置けばいい」と考えてしまう企業人が実は数多い。何らかの問題が発生すれば、その問題を解決するポストを用意して、担当者を据えれば、それでその問題が解決すると多くの人が錯覚しているようだ。しかし、これが大間違いの最初の一歩である。まず第一に、調整そのものを担当する人が出てきても、その他の人が調整に関与しなくて済むようになるわけではない。調整に関連する連絡業務・根回し業務が代行されるだけである。第二に、新たなポストに就いた人がキツネの権力を創出して、調整問題をさらに複雑化していくからである。

たとえばいま営業部門と研究開発部門の調整がそれ自体で非常に難しい問題になってい

ると考えておこう。その両者の調整を担う独特のポストを作ると、さらに調整問題が複雑化してしまう可能性が高い。なぜなら、その新たなポストに就いた人は、「自分がいなければ、両部門は対立状態にあるのに、自分が仕事をしているからこそ、両部門は調整の取れた協働作業ができるのである」という演出をしたくなるからである。その演出を行なうプロセスで、実際に営業と研究開発が対立してしまうような状況を創り出すことすら生じかねない。

そうすることで自分が金銭的に得をしたり、昇進確率が高まったりするわけではなくても、こういうことが生じる点には注意が必要である。誰だって、自分が不要な人間だと思いたくはない。一人の人間として、価値ある仕事をしているのだと自分で確信をもって生きていたいのである。自分には存在価値があるのだと思っていたいのである。この思いが、ほんの少しだけ、情報に歪みを付け加える。

「そんなことをおっしゃっても、営業部門はOKとは言わないでしょうね。営業は研究開発に対して、いろいろ思っていることがあるみたいだから……」とか、「研究開発にも、具体的には言いませんが、まあ、営業に対する不満といいますか、なんと言いますか、溜まっていますよ」といった言葉がついつい口をついて出てしまうのである。

この最初の言葉のやりとりは、営業部門と研究開発部門の関係をほんのわずかに悪化させるだけである。しかし、このほんのわずかな悪化によって、次に上と同じ言葉を聞いたときに相手の言葉を悪い方に解釈する傾向が生まれてくる。両者の関係は時と共に徐々に悪化していってしまう。こうして、以前には営業部門と研究開発部門は異なる志向性を持っていただけなのに、調整役が置かれてからは両者の関係は対立関係になってしまう。

だから、調整の問題が難しくなってきたからといって、それを専門に解決するポストなど作ってはいけない。忙しくても、うっとうしくても、できるかぎり直接折衝するという姿勢を残すべきである。これがキツネの権力を生みだささないようにするひとつめのアドバイスである。

†外圧を利用しない

キツネの権力を生みださないようにする工夫にはもうひとつある。少なくとも組織内でシニア（年長者）になったら、決して外圧を利用しない毅然とした姿勢を崩さないことである。

組織内で皆を方向づけるときに、「自分の考えは実は違う所にあるのだが、○○さんがこういっているから」という主張を展開する人が数多く見られる。たとえば、「北方領土のうち二島を先行して返還してもらうべきだと、自分は考えていないのだが、ある有力な代議士が主張しているから、だから外務省もその方針で進めよう」というパワーの行使を組織内のシニアが進めたとしよう。このようなパワーの行使は、組織内での健全な議論を圧殺する効果をもっていることに気を付けなければならない。なぜなら、議論しようにも、○○さんとは直接話ができず、目の前にいるシニアは実は自分と同じ考え方だがイヤイヤ○○さんの意見に従っているだけだ、と主張しているのだ。これでは誰とも議論しようがないではないか。

こういったパワー行使を積み重ねていけば、組織内の公論は、論理を追求するのではなく、腹のさぐり合いの複雑怪奇化へと進んでいってしまう。その結果、世間一般の常識的な論理から大幅に外れた、奇妙な内向きの組織運営が一般化し、恐ろしいほど常識はずれのムラ社会ができ上がる。

ついでに言えば、そもそも組織内の権力闘争を行なう際に、外圧を利用すると、あとあとしっぺ返しがくる。たとえば、どこかの国の外務省で、これまで対英米外交が組織内で主力を担ってきたのに対抗して、対ロシア外交をこれまでよりも陽の当たるキャリアにしたいと考えたシニア官僚がいたとしよう。このシニア官僚が、たとえば、どこでも大声で怒鳴ることのできる厄介者の代議士をトラとしてでっち上げ、そのトラのイメージをバックにして省内の公論を特定の方向に誘導していこうとしたとしよう。

トラが外務省に一切ちょっかいを出さない、イメージとしてのトラで留まっていてくれれば良いが、自分でも権力を直接行使しようと考え始めたら、困ったことになる。なぜなら、そのトラが十分な権力を行使できる素地を、そのシニア官僚が作ってしまっているからである。トラがシニア官僚の一枚上手を行くのであれば、知らず知らずのうちに、組織はぼろぼろにたかられるようになるだろう。

組織内で権力闘争を行なうことが悪いことだとは言わない。社会で生きていく上で、また組織で生きていく上で、ある程度のパワーを獲得し、そのパワーを基礎にして重要な仕事を成し遂げていくというのが組織人のひとつの生き方だと思うからである。しかしそのパワーを獲得する闘争を展開する際にキツネの権力を駆使することは止めた方が良いし、キツネの権力を行使している人がいたら、その権力のベースであるトラを恐れずに直接トラに交渉に行くべきであろう。

あくまでも闘争は、「戦略に合わない」、「論理が合わない」、「辻褄が合わない」といった理詰めの議論で行なうべきである。また、自分は賛成なのだが○○さんはダメだと言っている」という言い訳を使わず、自分自身が賛成・反対だという旗幟を鮮明にして行なうべきであろう。

†育ちの良い優等生がキツネの温床

最後にもうひとつ注意しておくべき点がある。ここまでの議論を読むと、組織疲労の原因は厄介者やキツネであり、そういった人がいなくなれば組織は健全になるはず、と素朴に思いこむ人がいるのではないかと心配になる。燃えるもののないところに火がつかないように、それが暗躍できる素地のないところにキツネや厄介者などは生まれてこない。実は、厄介者が権力を発揮できるか否かは、「大人しい優等生」たちが対決を恐れて沈黙を守り続けるか否かにかかっており、キツネが権力をもつのも「怖い専務」に直接会いに行く勇気を持たない「大人しい優等生」が多数派だからである。「大人」として行動することをたたき込まれてきた、育ちの良い優等生たちが、これらの権力を野放しにする温床なのである。

大人しい優等生たちではなく、論理的に合わないこと、戦略に合致していないこと、辻褄が合わないことを、たとえいろいろな人と対決してでも議論できる人々が多く存在すれば、これらの奇妙な権力が増長することはない。「大人しい優等生」たちは、一見優しそうな良い人なのだが、実は組織全体が長期に保つべき健全性に対して無責任である。羊たちの沈黙が権力の温床になるということを忘れてはならないのである。

第8章 奇妙な権力の生まれる瞬間

†スキャンダルの時代

マスコミ沙汰やスキャンダルの時代である。女性問題やセクハラばかりではない。政治家が官僚を殴ったとか、「不埒なことを言った・言わない」とか、牛肉・鶏肉の不当表示をトップが指示したとか、「社長が自分の貢献を全部取り上げ、知的所有権を侵害している」とか、様々な主題のもとに告発が盛んに行なわれているようだ。「セクハラ」とか「知的所有権」等々、新しいコトバが定着し、多様なテーマでスキャンダルを「創造」しやすくなった時代なのだろう。

また不況が長引き、欲求不満を抱えて我慢して生きている期間が長すぎると、どうやら世の中の多くの人がスキャンダルを信じたくなる傾向も強くなるようだ。スキャンダルを信じ込みたくなる心理状況に多くの人々が置かれているのであれば、告発する人、告発の内容を信じて噂を流す人、騒ぎ立てる人といった人たちが活躍できる温床が出来上がっていることになる。長引く不況下では、こういう状況になりやすい。

さらにその上、インターネットの時代である。インターネットの時代は、匿名の密告が容易になり、その密告が一夜のうちに真実として何万もの人々に信じ込まれてしまう可能性もある。真実か否かを確かめることもなく、単に「信じたい気持ち」があり、欲求不満が溜まっていさえすれば、噂はあっという間にスキャンダルに仕立て上げられる。過度に欲求不満になった人々がインターネットで結びつけられた現在は、本当に恐ろしい時代である。

スキャンダルは毎日、新聞やテレビや週刊誌を賑わせているが、表に出てきた事件の背後には、事件化せずにスキャンダル予備軍としてもみ消されているモノが実はずっと多く存在しているはずだという点には注意が必要だろう。危うくスキャンダルになりかねないところをギリギリで抑えた、という話は後々、いろいろな所で秘話として語り継がれていくに違いない。

だから「スキャンダルなんてテレビの世界であって、自分たちには関係ない」という考え方は甘い。表に出てしまったホンモノのスキャンダルと、表に出ないように処理された潜在的スキャンダルの両方を合わせれば、スキャンダル的な出来事はわれわれの身近なものなのだ。また、表に出てしまうか、うまく抑え込めるかは、結果であって、その前の時点では組織内の人間たちは皆、スキャンダル的な出来事に対して類似の行動をとっている。実際には数が多い「スキャンダル的な出来事」を通じて、組織に奇妙な問題が生じる。スキャンダル予備軍を処理するプロセスで、企業組織内に奇妙な権力が生まれてくることには、多くの人が気づいていないように思われる。このスキャンダル予備軍の処理プロセスで、本来会社にプラスに貢献する能力のない人が奇妙な権力を手に入れていく可能性について考えてみることにしよう。

†スキャンダルの基本図式

スキャンダルには基本形がある。図12に描かれているように、基本的な登場人物は、告発する人と告発される人と「周囲の人々」である。

たとえばいま、あなたの会社の社長がA常務を次期社長にしようと心に決めたとしよう。そしてそのことが誰の口からともなく、少しずつ社内に伝わっていったとしよう。A常務は実績から見て文句なく有能な人間だ。いくつもの新規事業を成功裏に立ち上げ、不採算事業のリストラを強引に進めてきた実績をもつ。副社長や専務を飛び越えてA常務が社長に抜擢されることは、実力からみて当然のことである。この点は衆目の一致するところである。しかもA社の業績は近年低迷しており、現在の事業環境下ではかなり強引なリーダーシップを必要としている。だからこそ社長は「A常務を次期社長に」と考えるようになったのだ。

しかし、豪腕で鳴らした人の常として、A常務もいろいろな所で恨みを買っている。とりわけ不採算部門をリストラする際には、危機感の薄弱な管理者たちを多数左遷している。強引に会社を引っ張ってきたこともあるのだから、会議の場で同僚を理詰めで窮地に追い込んだ回数も片手では足りない。何よりも、強い。公式な場面では社内の誰と議論しても負けることがない。社内では表だって敵対できる人がいないほど強い。スキャンダル以外では潰しようがない人が、まさにスキャンダルの対象になりやすいのである。

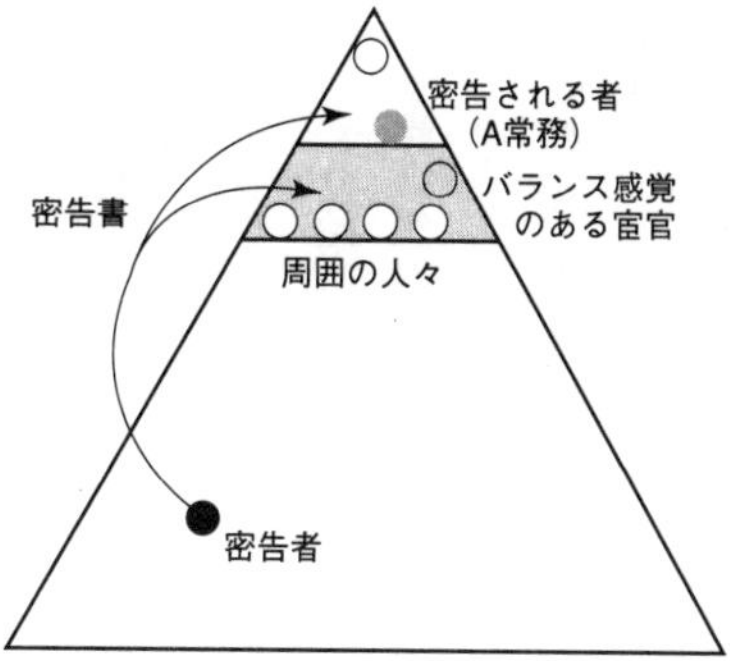

図12　スキャンダルの基本図式

しかも豪腕で鳴らした人の常として、A常務は遊びの世界でも話題に事欠かない人だ。豪放磊落な人柄からか、女性にもモテる。A常務自身は大学四年生になる長男と大学一年生の長女がいて、円満な家庭を築き上げているのだが、その一方で銀座を初めとするいろいろなクラブにA常務ファンの女の子が多数いると言われている。とりわけ十数年前に、ある女性との間に隠し子ができているという噂になったことがある。

「豪腕の常務に隠し子がいる」という噂は、A常務が常務のままとどまるかぎりは表だって出てくる話ではない。ところが、「A常務が次期社長候補らしい」という噂が社内を駆けめぐり始めると、状況は根本的に異なってくる。社内で常務に怨恨を抱いている人、しかも深い怨恨を抱き、本当は自分が悪いのに、「自分の人生を台なしにされた」と逆恨みしている人がいる。また、その逆恨みしている人の話を、「ちょっと逆恨みのところもあるけれど、そういうことを言われるだけの問題もたしかにA常務にはあるよね」と話の真実性を一部だけでも信じたくなる気持ちをもった人たちがいる。しかも、近年業績が低迷している会社には、次期社長が誰になるのかマスコミも注目している。

これでスキャンダルの基本図式が整った。

密告する者が現われるのである。おそらく一通の密告文書が社長と取締役と執行役員、人事・総務担当の部長たちに送られる。密告文書には「A常務とある女性の間に隠し子がいて、いま高校一年の女子高生だ」と書かれている。また、「もしA常務が本当に社長に就任するのであれば、いまわが社に注目しているマスコミに、このネタを流す。どれほどの会社のイメージダウンがあり、どれほど株式市場で株価が揺れ動くことになるか」という脅し文句が書かれている。

†被害者のみのストーリー

こういったケースでは、事実はどうでも良いという点が重要だ。高一の女子高生という隠し子が実際にいようが、いまいが、事の本質を変えることはない。皆が、「いてもおかしくない」と感じるだけで、この後の事件は進んでいく。要するに、密告文書は、周りが信じそうなウソでも成り立つのである。また、隠し子のいる人が社長になったからといって、実際に会社のイメージなどそれほど落ちないだろうし、その程度のことで株価が大幅に低下するとも思われない。だから、密告者の書いていることは、実は的はずれである。

しかし密告者の書いている内容自体は的はずれなのだが、密告書が書かれ、それがマスコミに流れるかもしれないという脅しに、この事件のすべてがかかっている。密告書が真実か否かは分からない。「まったくあり得ない」と皆が笑い飛ばせるようなものであれば、おそらく事件は進展しない。しかし「あり得ないでもない」という感覚を皆がもつと事件は進展していく。この種の事件の気持ち悪さを最大にするのは、「皆の信じたがるウソ」の場合である。切っ掛けがウソであっても、動かしがたい事実として人が失脚するという結末が生まれてしまうのである。

密告という事件は暗い。密告する人の人間としての弱さ、人を恨むという怨恨の暗さ。密告する側は、密告という行為を行なう前も、その後も、自分を被害者だと思いこんでいる。本当はその人と真面目に戦ったこともないくせに、勝手に「これまでどれほど苦しめられてきたか」と思いこみ、自分が被害者の立場にいることを疑うことがない。しかも密告という強力な刃を向けた後も、自分が被害者であり続けていると思いこめる身勝手さ。これがこの種のスキャンダルの救いがたいところだ。

冒頭でも述べたように、ネット社会ではこの匿名の密告者・批判者が多数出現する可能性がある。名前を隠したまま、まるで世界の真実をすべて知っていて、自分だけが真なる判断力を備えている神になったかと思えば、すぐにまたすべての被害を一身に浴びて耐えてきた犠牲の羊になったりして、匿名の密告・批判を行なう。

密告書には「A常務が社長になるのなら、これをマスコミに流すぞ」という脅しが書かれている。「周囲の人々」である会社の重役たちに動揺が走る。現社長は悩む。「このまま強行突破して、彼を次期社長とするべきか。そうするとマスコミに叩かれて、彼も会社も傷つくかも知れない」と。他の重役たちも内心穏やかではない。一方では強力なライバルの失脚に内心快哉を叫びつつ、他方では会社の評判が地に落ちたり、自分自身もマスコミに嗅ぎ回られる可能性もあるので臆病になっている。「世間一般の好奇のまなざし」が集中することほど普通の人々を恐怖させるものはない。

こうして、A常務は失脚し、他の穏健派の社長が生まれる。密告者が誰だったのかは誰にも分からず、加害者を特定できない被害者のみのストーリーが終結する。損をした人間はいるが、得をした人間がいない事件が終了したように見える。

†スキャンダルの裏側で権力者が生まれる

しかし話はここで終わらない。マスコミ沙汰にならないように抑え込まれたスキャンダル一歩前のストーリーの背後で、奇妙な権力者が登場する可能性があるからである。「落としどころ」を感知する力だけをもったウチ向きの管理者が、こういった「事件」を契機に権力を創り上げていくのである。密告者以外に、得をした人間がやはり出てくるのである。この奇妙な権力誕生劇が可能になるのは、根性の座っていない「周囲の人々」がいるからである。もうすこし説明しよう。

密告書が届くのは社長一人ではない。通常は、取締役会のメンバーや執行役員、総務部長等々、社長やA常務の「周囲の人々」複数に配られる。二〜三名ではなく、十数名ないし数十名に密告書が配られるところがミソである。この複数の「周囲の人々」が根性の座った人々で、「密告など恐れるに足らない」、「たとえその密告が真実であったとしても、それはプライベートな話であって、会社という公的な機関の運営に問題はないではないか」、「だいたい隠し子の一人や二人、大した問題ではない。いまはわが社の危急存亡の時だ。A常務に辣腕を振るってもらうしか手がないだろう。会社のために皆で彼を支えていけば良い」と断固として戦う姿勢を彼（彼女）らが示していたら、A常務の失脚はなかったはずである。

実際、密告者も本当にマスコミに密告書を送るか否か分からないのだし、密告書を送ったからといってマスコミも真実でないものを記事にして後々名誉毀損で訴えられるリスクを簡単にとるわけもない。密告の内容にもよるが、本来、週刊誌の売上げ部数が目に見えてアップするほどのニュース・バリューがあるスキャンダルはそれほど多くはない。外から部外者が見れば、「大した話ではない」と簡単に分かるのに、社員の中に「これは大問題だ」と恐怖し、騒ぎ立てる根性なしの人がいるから、次期社長候補が失脚してしまうのである。

根性なしの「周囲の人々」は、「本当に彼がそんなことをやったのかどうか確証はないが、彼ならやりかねないよね」と「ヒソヒソ話」を繰り返す。「皆の信じたがるウソ」に乗るのである。しかし彼（彼女）らが喜んで関与するのは「ヒソヒソ話」までだ。いざ実際にスキャンダルが発生し、それを切っ掛けとして社内で「混乱」が生じることは生理的に嫌悪している。

そもそもダメな組織の重役たちが「混乱」というコトバでイメージしていることは、社内で自分の立場や構想を明らかにした議論が生じること、また自分がどちらの立場に立つのか旗幟を鮮明にして、社内の激しい議論のやりとりに巻き込まれることであったりする。

本来であれば、トップ・マネジメントの要職を占めている人々が、自分の構想を明らかにして、侃々諤々激しい議論を戦わせていなければいけないはずなのだが、実際に大規模組織のトップに登り詰めていく人たちは自分の意見を言わないことで生き残ってきた人たちである可能性が高い。自分の意見を述べず、自分の立場を常にあいまいにしておくことが、「大人」の対応だと思い込んでいる。いつの間にか、表面上、平穏無事に、誰ともケンカせずに、何の事件もなく数年間にわたって役員生活を終えることが目標になっているような人々がボードメンバーになっている。

この人たちは、A常務の側に立つこともせず、かといってもちろん「密告者」を擁護することもせず、外部の「マスコミ」が関与することをひたすら回避したいと願っている。いわば、いま自分が直面している嫌な場面、つらい場面から逃げ出したいと思っていて、「嵐」が通り過ぎるのを耳をふさいで震えながら待っているのである。

†バランス感覚のある官官

ここに「バランス感覚のある官官」が登場する。この人はおおよそ、次のような話を「ヒソヒソ話」で皆に流し始めるはずだ。

「もし週刊誌が騒ぎ立てたとすると、事が真実であろうとなかろうと、A常務は『格好の良くない話題』で世間から好奇のまなざしを浴びてしまう。ここで強行突破してA常務を社長にしたら、結果的にA常務を晒《さら》し者にすることになってしまう。A常務のためを考えたら、ここは穏便に済ませるべきだろう。A常務自身は問題ないと言ったとしても、彼には大学一年のお嬢さんがいる。そのお嬢さんにまで好奇の目が向けられる。たとえ密告の内容がウソだと後で分かったとしても、人の噂は真実で動くわけではない。お嬢さんの縁談にのちのち悪い影響が出るだろう。強硬にA常務を推している人たちは、ここまでちゃんと考えているのか」。

「バランス感覚のある官官」がこのような「美しい言い訳」を組み立て、事件化することに恐怖心を抱いている優等生経営者・管理者たちの心を掌握するだろう。事件化すること自体を恐怖している人々は、ここで安心するからだ。

「自分たちが根性のない人間だから、混乱を恐れてA常務を社長にするのを躊躇しているのではない。そうではなくて、本当は事件と対決してでもA常務を社長にしたい気持ちは強くもっているのだが、A常務のためを思って、さらにはA常務のお嬢さんのことを思って、A常務には社長就任を降りてもらうしかないと泣く泣く追いつめられたのだ」と。

悪いのは自分ではない。根性がないわけでもない。A常務を陥れたのではなく、逆に彼のためを思っての配慮行動である。こう考えられるようになって皆安心するのである。

奇妙な権力が生まれるのはまさにこの瞬間である。密告者が権力を握るのではない。実際の密告者や密告者予備軍がいることを背景にして、根性のない「優等生」たちが恐怖にとらわれ、その恐怖心を気持ちよく解消する「美しい言い訳」を創り上げる宦官が権力を握るのである。この宦官にとっては、密告者さえも有益な道具なのである。「バランス感覚のある宦官」は、A常務のお嬢さんという「傷つく人」を人質としてでっち上げ、その人のためという言説を弄して、A常務失脚を進め、恐怖心にとらわれていた弱虫たちの心を糾合した。結果的に、宦官は僭主としての権力を蓄積するのである。これがスキャンダル的な事件を契機として組織内で生じる可能性のある最も奇妙な出来事である。

✝ウチ向きマネジメント評価の罠

「美しい言い訳」の内容を読めば分かるように、企業業績を高めるための議論が何一つ含まれていない。大企業もトップに近づくにつれ、小人数の顔見知り集団になっていく。互いに好き嫌いはあるだろうが、隣近所と類似した小さな共同体としての側面が強くなり、配慮行動が極めて重要になってくる。しかし、ある程度業績が安定している会社では、企業業績の心配がない分、この配慮行動の側面が極めて過大に重要視されるようになっていく。だからこそ、この種の「美しい言い訳」のストーリーに説得力が出てしまうのである。

しかし、これは企業の業績を高めることはない。極めてウチ向きの「コップの中の嵐」を収めるマネジメントであって、ソトから売上げや利益を獲得してくるマネジメントではない。だから、この種の「宦官」が権力を握り始めれば、遅かれ早かれ会社の業績は長期衰退傾向に入る。

そもそも今回のスキャンダルは、この種の「宦官」の自作自演という可能性だってないわけではない。もちろん密告をしたのが当の本人だという可能性は低いが、密告者予備軍を作り上げてきたのは、この「宦官」かもしれないのだ。いろいろな場面で「いや実はA常務が反対しているから、君たちの意見は通せないのだ」等といった言い訳を駆使して、A常務のトラとしてのイメージを利用して自分の思い通りに社内を動かしてきたのかも知れない。

†奇妙な権力の除去は可能か？

こういった奇妙な権力を生まないようにするには、どうしたら良いのだろうか。残念ながら人間の集団には、多かれ少なかれ、この種の陰湿な権力と事件が付き物である。中国やローマの古典以来今日に至るまで、恨み・妬み・猜疑心等々を基礎にした権力のストーリーが多々描かれてきた。司馬遷の『史記』など、この種の権力現象の宝庫である。

どれほど科学技術が進歩し、社会制度設計が高度化してきても、人間性自体には大きな進歩はないのだろう。よほど気を付けていないと、大規模な組織では奇妙な権力を生みだす人が必ずといって良いほど登場してしまう。最後は、やはり賢明で健全な人間がどれほど多数派を占めているかがカギなのであって、簡単な予防法はない。

むしろ、この種の権力を完全に除去することは不可能だとあきらめつつ、しかし、少しでもこの種の権力を弱めるための方法あるいは心構えを考えた方が良さそうだ。そう考えてみると、二つほど気を付けておくべき点がありそうだ。

ひとつめは、トップ・マネジメントの数を減らすことである。本当の意思決定を行なうトップの数を三〜四名にとどめ、常時直接顔を合わせるようにしておけば、「ヒソヒソ話」が発達する可能性は低い。三〜四名のトップであれば、誰が根性なしなのか一目瞭然だから、根は根性なしでも「根性のない発言」は大幅に難しくなる。大雑把な言い方だが、一〇名を超えるトップがいれば、「ヒソヒソ話」が可能になるだろう。

二つめの手は、トップ・マネジメントを評価する際に、社内の融和に貢献があったとか、集団を心情的にまとめる力があるといったウチ向きの評価基準を使わない、ということである。これらの活動を評価するなということではない。これらの活動のみでトップに昇進することがないようにしておく、ということである。

たしかに集団を心情的にまとめるとか、共同体を共同体として維持するといったウチ向きのマネジメントも大事である。しかしそれがいかに大事に見えても、その大事さは、新製品を開発したり、信頼性の高い製造を行なうとか、新規市場を開拓して売上高をアップするといった、利益を稼ぎ出す企業の基本活動への貢献より重みのあるものにはなり得ない。企業は従業員のモノであろうと、株主のモノであろうと、まず第一に利益を出す経済組織体である。だから利益を出す基本活動をどれほどクールにマネージできるかという要素を評価の第一番目に置くべきである。

長期にわたって安泰な状況が続くと、多くの人が利益を生みだす基本活動よりも共同体の一体感の維持を重視するようになっていく。心情的配慮があまりにも重視されすぎ、企業のソト向きの発展にとって何ら能力のない者が奇妙な権力を握り始める。奇妙な権力は危機感のあるところでは育たない。船が沈没しそうだと皆が認識しているところでは、この種の臆病者たちを糾合するストーリーなど力を獲得できないのである。

だから長期にわたって安泰な状況が続き、現在の人間の努力そのものではなく、むしろ過去の先輩たちの努力で築き上げられてきた商権などの強みが現在の利益を稼ぎ出している会社は危ない。何が業績に貢献し、何が業績をアップしない活動かを皆が分からなくなってしまうからである。この種の会社には危機感が発生しにくく、奇妙な権力がはびこり始める。

「そう言えば最近ウチ向きの配慮が多くなりすぎたかも知れない」と思われる企業は、上級管理者の権力基盤が何なのかもう一度点検することをお勧めする。

第3部

組織の腐り方

第9章　組織腐敗のメカニズム

†会社の寿命は三〇年

「会社の寿命は三〇年」というコトバが流行った時期がある。すでに二〇年近く前のことだ。流行は去ったが、何となく今でも多くの人の頭に残っている。

もちろん「会社の寿命は三〇年」を心底信じきっている人はいないだろう。優良企業のリストに載り続ける期間を調べたら、だいたい三〇年程度だったという雑な議論から出てきた主張だからだ。「どのような理由で三〇年なのか」、「本当は二〇年ではないのか」、「設立後五〇年以上経っても優良企業という会社もあることをどうやって説明するのか」等々の疑問が多数残っている。だから、「会社の寿命は三〇年」は単なる印象論であり、あまり根拠のない話だと多くの人は頭では分かっている。

しかし同時に、多くのビジネスマンにとって、なんとなく気になる「法則」として心に残っていることもまた確かである。一方で「ばかばかしい」と思いつつ、もう一方では「いや、あながち間違った話でもないかもしれない」と感じている、とでも言うべきだろうか。そのように感じさせる理由は、会社組織は組織年齢の増加に伴って病理的な状況に陥りやすく、組織の加齢と組織の健全性には何か関係があると多くのビジネスマンたちが直観的に理解しているからであろう。簡単に言ってしまえば、「組織は年数がたつと腐る」という直観である。

たしかに組織は設立から年数がたち、規模が大きくなっていくにつれて、腐っていく傾向がある。ここでは組織の腐敗傾向をもたらす二つのメカニズムに注目する。二つのメカニズムのキーワードは、「ルールの複雑怪奇化」と「成熟事業部の暇」である。

「ルールの複雑怪奇化」とは、組織において、古いルールや手続きなどを廃棄処分にして、新しいルールや手続きを作るという新陳代謝が起こりにくく、古いものはそのまま残り、新しいものがその上に追加的に付け加わっていき、その結果、古い組織ほど複雑怪奇なルールをもってしまうということを指している。

「成熟事業部の暇」とは、成熟事業部では皆が仕事に慣れてきているので、仕事遂行能力が余っており、その余った時間で内向きの無用な仕事が次々と生みだされてしまうことをいう。どちらもトップが相当注意深くしていないと徐々に組織の健全性を蝕み、知らないうちに宦官のような社内政治家を増やし、売上げと利益を外の世界から獲得してくる武闘派を窒息させていってしまう。

それぞれどのような腐敗プロセスなのかをもう少し詳しく説明していこう。

†ルールの複雑怪奇化

働く人々が会社の組織を時と共に重荷に感じるようになっていく理由のひとつは、会社の設立当初に組織の基本要素が設計され、その基本要素がなかなか変わらないというところにある。組織はまず、その設立時点の環境に合わせて創られる。設立時の労働市場や社会慣行、当初の顧客の嗜好などに適合するように組織が設計されるのである。会社が初期の苦しい時期を生き残り、その後順調に成長していくのは、設立時の環境とうまくフィットした組織設計が行なわれていたからである。だからまず設立時を乗り切るように、その時点の環境にフィットした組織を設計することは望ましいことである。

しかし環境は変わる。消費者の嗜好は比較的スピーディに変わり、消費に目覚めた労働者たちの職業意識も変わる。環境は変わるが、組織や制度はなかなか変わらない。いったん過去に創られたルールや仕組みは、年を経るごとに捨てにくくなっていく。とりわけ、そのルールや仕組みが自分たちの成功の源泉だと思われていたら、捨て去るのは難しい。

さらに創業期の英雄や中興の祖など、神様のように思われている伝説上の人物たちが考えた仕組みであったりすれば、それを否定することは不可能に近い。

実際、事業部・子会社の独立性に関する不文律、新製品の企画から発売までの社内承認プロセス、経理のルールなど、「昔は良かったのだが、現在の事業環境を考えたら問題がある」というものも、そのまま破棄されずに存続し続けている例は枚挙にいとまがない。「この仕組みはもはや時代遅れだ」と主張する声が、「わが社の伝統の最も大事な部分を壊してはいけない」という反論と戦わざるを得なくなる。そうやって戦わなくてはならないことがあらかじめ分かっているから、本当にどうにもならない状況に会社が追い込まれるまで、本気でルールや仕組みを壊そうとする努力は先延ばしにされる。社員全員が保守的なわけではなくても、組織全体としてみると極めて保守的な傾向が出てきて、基本的な仕組みやルールは長続きしてしまう傾向が強いのである。

もちろん環境変化に対して会社は何もしないわけではない。大きな環境変化があれば、何らかの対応はせざるを得ないのだ。しかし、古いルールや仕組みを捨て去って、新しいルールや仕組みを作る、ということにはなりにくい。古いルールや仕組みをそのまま残しつつ、新しいルールや仕組みが追加的に付け加えられるのである。壊すのは大変なのだ。新規に付け加えるだけでも大変だから、自分の仕事で忙しい人は「わざわざ破壊するまでもない」と自分を納得させることになる。

こうして会社は古いルールを保持したまま、新しいルールを付け加え続けていく。本来は組織などできる限りシンプルにとどめておくべきものなのに、残念ながら現実には自然に複雑化していってしまうのが組織なのである。否、単なる複雑化というよりも、複雑怪奇化と言うべきであろう。

†ルール運用の厳格化は何をもたらすか?

複雑怪奇化はここにとどまらない。環境に適合していない古いルールを守りながら、目の前の現実に対処しなければならないから、古いルールの迂回方法が発達し始める。ルールの抜け道が次々と発見され、それを活用する裏技が発達していく。裏技を開発する人材が有能な人材だと周りから思われ、若い社員も裏技に通じるように努力し始めたりする。

ところが、当初は会社のために抜け道を活用してきた人々も、時々気がゆるむ。常に高潔であり続けられる人というのは、それほど多くはない。会社全体のためではなく、ほんの少し自分や自分の部署に有利になるように抜け道を活用したりする人も出てきてしまう。この初めの一歩が踏み出されると、そのうちの何パーセントかが深刻な不正へと発展する。不正のうちのいくつかがスキャンダルとして表面化し、再発を防ぐ新たなルールが作られる。

「ルール運用を厳格化するべきだ」という意見も多数出てくる。実際にはこれは大いなる誤解の場合が多い。ルール運用を厳格化し、罰則を厳しく適用すれば、たしかに多くの人がルール違反をしないように気をつけはするが、しかしそれでもルール違反を撲滅するまでには至らない。なぜなら、そもそもルールが古くて現実に合っていないために、目の前の環境に適応するべく若干のルール違反をしなければならないという状況に社員が置かれているというところに問題の端緒があるのだから。だからルール違反はなくならないのである。

逆に、ルール運用を厳格化すると、いったんルール違反が実際に生じ始めた場合に組織が暴走し始め、正常に回復できなくなる可能性も出てくる。まず、ルール違反がフォーマルには見つかりにくくなる。自分の部下や同僚がルール違反を犯しているのを発見しても、あまりに厳しい罰則が待っているのを知っていたら、なかなか表沙汰にできなくなるだろう。それゆえに、「内々に解決する」という秘密主義的な雰囲気が組織の末端に広がっていってしまう。「内々に解決する」という手をとれば、解決した上司も形式的には共犯になってしまう。表と裏が大きく乖離しはじめ、トップの意志が組織の末端まで伝わりにくくなっていく。

またルールを厳しくすればするほど、いったんルール違反をした人は極端に悪い方向に走ってしまう可能性も高まる。かつて第二次世界大戦の時に、「生きて虜囚の辱めを受けず」という厳格なルールが存在したために、日本兵はなかなか投降しないという傾向を強くもっていたが、同時に、いったん投降してしまった日本兵は敵国に対して極端に協力的になったと言われている。ルールは厳格であればあるほど、破った後の人間行動を極端化してしまうのである。

†宦官vs武闘派

さらにルールを厳格化し、ルールが複雑怪奇化することで、ルール運用のプロである組織内宦官が増えてくる。「宦官」たちの中には、単にルールを楯にして人をなじるだけの小役人タイプから、多様なルールを見事なまでに駆使して組織内政治を生きる社内政治家まで多様なタイプが存在する。

「宦官」たちは顧客満足とか、技術蓄積、生産工程の効率化といった企業本来の活動とは関係ないところで権力を掌握していく。企業内で行なわれる様々な立ち話や、時にはフォーマルな会議の場で、ルールを盾にして「素人」たちを「宦官」たちが批判したり、酷評したり、いじめたりといった場面が見られるようになる。批判されている「素人」を自分の身に置き換えて、「自分は周りから批判されないようにしよう」と多くの人が思い始める。いじめられている「素人」を見て、他の「素人」たちは恐怖する。衆人環視の中でコトバで追いつめられる。この恐怖と周囲の人々の冷ややかなまなざしがルール運用のプロたちの権力基盤である。

組織内の人間は素人とプロ（官官）だけではない。「ルールなど所詮自分の思い通りに活用すればよい」、「重要なことは企業業績を高めることであって、そのためには若干のルール違反など気にしない」と思っている実力のある「武闘派」も組織内には若干名存在する。ルール運用に通じつつも、企業業績を高める方向にルールを活用していく「武闘派」の数がある程度そろっているうちは、その企業もまだ健全である。

しかしこの「武闘派」とルール運用のプロたる「官官」との戦いは、長期的には「武闘派」の敗北に終わる可能性が高い。というのも、「武闘派」たちは何らかのプロジェクトを推進して企業業績を高めるためにルールを運用したり、かいくぐったりするので、必ず業績という結果が出る。こういう危ない橋を渡る場合、結果が良ければ大丈夫だが、失敗する可能性も常にある。不幸にして、業績も落としルールも破り、という結果になれば、それまでにどれほど実績のあった「武闘派」でも弾劾される可能性が高い。

他方、ルール運用のプロ（官官）たちは単に他人のやっている活動をチェックするためだけにルールを運用しているので、彼（彼女）らの活動に失敗というものはない。つまり「武闘派」はプロジェクトの失敗という厳しい現実に直面する可能性があるのに対し、「宦官」たちには失敗という結果が存在しないのである。

成功もせず失敗もしない「宦官」たちと、成功したり失敗したりする「武闘派」。「宦官」たちは「武闘派」の失敗を組織内の大事件・スキャンダルに仕立て上げて失脚を狙う。現行のルール体系の下では、残念ながら「宦官」たちが正当性を主張でき、「武闘派」には何らかのペナルティを課して行かざるを得なくなる。減点法がはびこっていく。そのまま放置すれば長期的には「武闘派」は確実に減少するはずである。

†利益を稼ぐ戦士の減少

以上のようなルールの複雑怪奇化プロセスについては、図13に描かれている。こうしたプロセスを経て組織は腐敗していく。「宦官」が増え、「武闘派」が減少していくにつれて、組織内の若い世代が変質していってしまうのである。

まず第一に組織内ルール体系が複雑化すると、若手が「一人前」になるまでにかかる時間が長くなる。煩雑なルールを憶えることに若いうちにエネルギーを割きすぎ、その結果として本当に重要な仕事の構想力や大きな視野といった能力の開発が未発達のまま放置さ

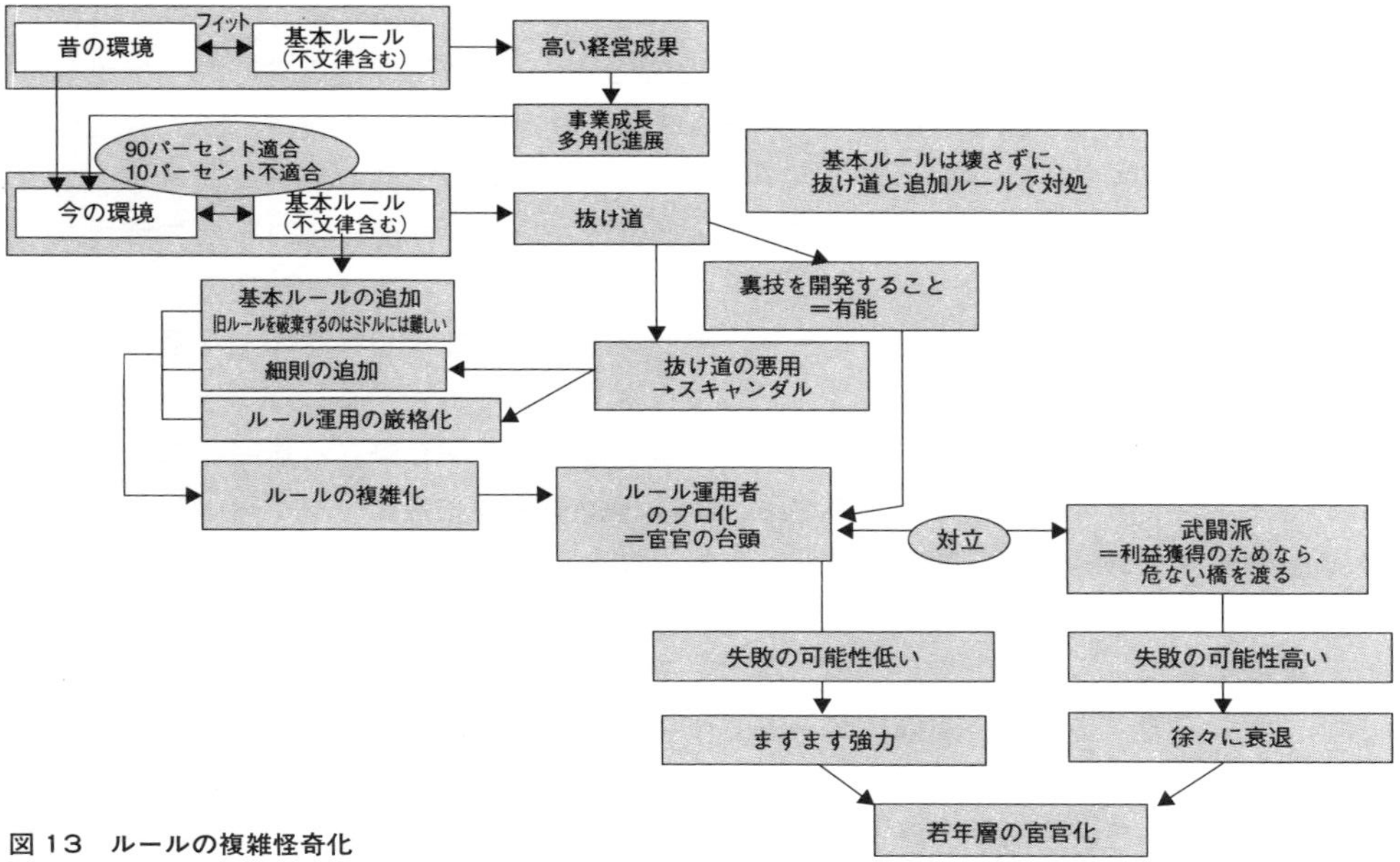
フィット
昔の環境
基本ルール
（不文律含む）
高い経営成果
事業成長
多角化進展
90パーセント適合
10パーセント不適合
今の環境
基本ルール
（不文律含む）
抜け道
基本ルールは壊さずに、
抜け道と追加ルールで対処
裏技を開発すること
＝有能
基本ルールの追加
旧ルールを破棄するのはミドルには難しい
細則の追加
抜け道の悪用
→スキャンダル
ルール運用の厳格化
ルールの複雑化
ルール運用者
のプロ化
＝官官の台頭
対立
武闘派
＝利益獲得のためなら、
危ない橋を渡る
失敗の可能性低い
失敗の可能性高い
ますます強力
徐々に衰退
若年層の官官化

図13　ルールの複雑怪奇化

れたりする。細かい手続きには通じているが、どうみても「小者」という若手が増えてしまうのである。

二番目の問題は、ルールを守ること自体を重視する雰囲気が組織内に醸成され、どのようなルールであれ、それがルールである限り守るべきだと信じてしまう若手が増えてしまうことである。従順な羊たちが増えてしまうということだ。

ここで注意するべき重要なポイントは、そもそも組織活動を調整するために設定された基本ルールを守ることは本当に大切なのだが、その後作られた細則や派生ルールを守ることはそれほど重要ではないという点である。それを守ったからといって、必ずしも企業業績が高まるわけではないからである。ある種のルールは命がけで守るべきだが、ある種のルールは時と場合によっては破るという判断力が必要である。判断力が必要な仕事をしているから人間が雇用されているのだが、ルールを守ることを優先する人はルールにぶつかった瞬間に自分の頭で考えるのを止めてしまう傾向がある。ルールが思考の代替物になってしまっては、若手の成長は望めない。

第三に、重役や部長、課長たちが、細則や派生ルールなどに基づいた筋論の戦いに興じていると、次世代の若手たちは、「その種の議論をすることが経営をすることだ」と勘違いしてしまう。いや、勘違いしないまでも、「その種の議論ができるようにならなければ、経営の本題には入れない」と考えるようになってしまうことは起こりうる。しかし、次世代の人間がその「筋論」を展開するスキルを身につけても、企業業績の向上には結びつかない。基本ルールに基づいた「筋論」には意義があっても、細則や派生ルールに基づいた「筋論」など無意味である。

しかし、どのように無意味な物事も、スマートにこなす技が開発可能である。細則や派生ルールに基づいた無意味な「筋論」をスマートにこなすスキルがそのうちに発達してくる。それをスマートに遂行することで、独特の達成感も得られ、周りから羨望のまなざしで見られるようにもなる。その結果、そのスマートさにあこがれる若手が出現してきてしまうのである。あこがれるのは勝手だが、そのスマートさを身につけても、企業本来の目的である利益獲得には一切つながらないのである。

いったんルールが複雑怪奇化すれば、外の世界から売上げと利益を稼いでくるという戦士たちが減っていき、組織は長期衰退軌道に乗ることになる。このようなプロセスが生じていれば、組織年齢が増すにつれて、組織が健全性を失っていくのは当然だと言えるだろう。

†成熟事業部の暇

ルールや手続きの複雑化は、企業の主力事業の成熟と組み合わされて、さらに組織の健康を害していく。主力事業が成熟すると、従業員がヒマになり、次々と自主的に内向きの仕事を増やしていってしまうからである。組織においては「秀才閑居して無用の仕事を増やす」のである。もう少し説明しよう。

同じ仕事を同じメンバーで遂行し続ければ、どんどん効率が良くなることは誰でも想像できるはずだ。人間が経験を通じて学習するからである。だから、同じ人員がずっと同じ仕事をしていて、仕事量そのものが変わらないのであれば、時間の経過と共にメンバーたちは効率を高め、組織全体としての生産能力・仕事遂行能力が向上し、皆が徐々に暇になっていくはずである。仕事量は市場規模に比例するだろうから、成熟した市場に直面している事業部は、毎年一定の比率で暇になっていくはずである。あるいは別の言い方をすれば、成熟事業部では毎年一定の比率で余剰人員が増えていくはずである。大量の退職者が出る等、激しい人事異動がない限り、これも当たり前のことだ。

しかし、成熟した事業部から毎年一定の比率で余剰人員が他の事業部に出ていって、成熟事業部の人員数が徐々に減っていくという現象は必ずしも一般的ではない。なぜなら

「成熟事業部」は、その会社の本業であったり、利益の稼ぎ頭であったりするからだ。

成長性という点では会社を牽引する力になっていないが、利益性という点では中心事業部なのである。あるいは創業者が始めたスタート地点であったり、過去一五年間の全社成長や会社のイメージ向上を担ってきた事業部であれば、心情的にも誰もが認める中心事業部である。そうなれば当然、事業部長も、他の事業部長たちより格上の可能性が高い。「わが社の成長を担ってきた本流の事業部だ」という本家意識や、「会社の赤字を補填し、会社を支えているのは自分たちだ」という気概が、この事業部のミドルに至るまで強く見られるはずだ。

事業部の独立性が強い会社や本社人事部の権限が弱い会社では、この「成熟事業部」から人を引き抜くのが極めて難しい。その事業部の人は「忙しくてたまらん」と言ってはいるが、実は成熟事業部は抱えている仕事量よりも、仕事遂行能力の方が大きいのが普通である。既に事業の基本骨格はでき上がっているのだから、新規事業に比べればずっと楽なはずだ。忙しいのは内向きの仕事で忙しいだけなのである。

しかも、若手も中堅も、保守本流の中心事業部での活躍を夢見る。ある程度仕事の基本骨格が出来ているから新卒入社の新人を育成する苗床としても優れており、若い人が育ってきて地力をつけていく側面もある。こうして成長ポテンシャルの高いエース級の人材が成熟事業部にはごろごろ転がっている、という状況が出現する。しかもこのエース級の人材を成熟事業部から引き抜くのは至難の業である。まず本人が本流から外れたくないと思っている。上司たちにも論客がそろっているから、他の事業部や本社人事部と議論してもなかなか折れない。だから、成長ポテンシャルの高いトップクラスの人材が成熟事業部には過剰に多数留まり続けるということが広く見出されるのである。

†秀才閑居して無用の仕事を増やす

この「過剰な仕事遂行能力」と「秀才の過剰な配置」が実は組織にとっては深刻な問題の源泉となる。図14に描かれているように、事業部内の秀才たちが内向きの仕事をどんどん増やし、組織の腐敗が進行していくからである。

この事業部は既に市場対応や技術対応の基本的な水準を超える仕事遂行能力が備わっていて、優秀な人材にヒマがある。ヒマだから、周りの人間を批判している余裕ができてしまう。顧客適合や技術開発に専念していれば良いのに、周りの人間の仕事にケチをつけ始める。多数の秀才たちが互いに批判しあっているので、ますます秀才たちの批判テクニックが向上していく。本来なら顧客ニーズを探ったり、製品開発スピードを高めたりといった外向きな仕事で互いに切磋琢磨していれば良いのに、互いにケチをつけ合うテクニック

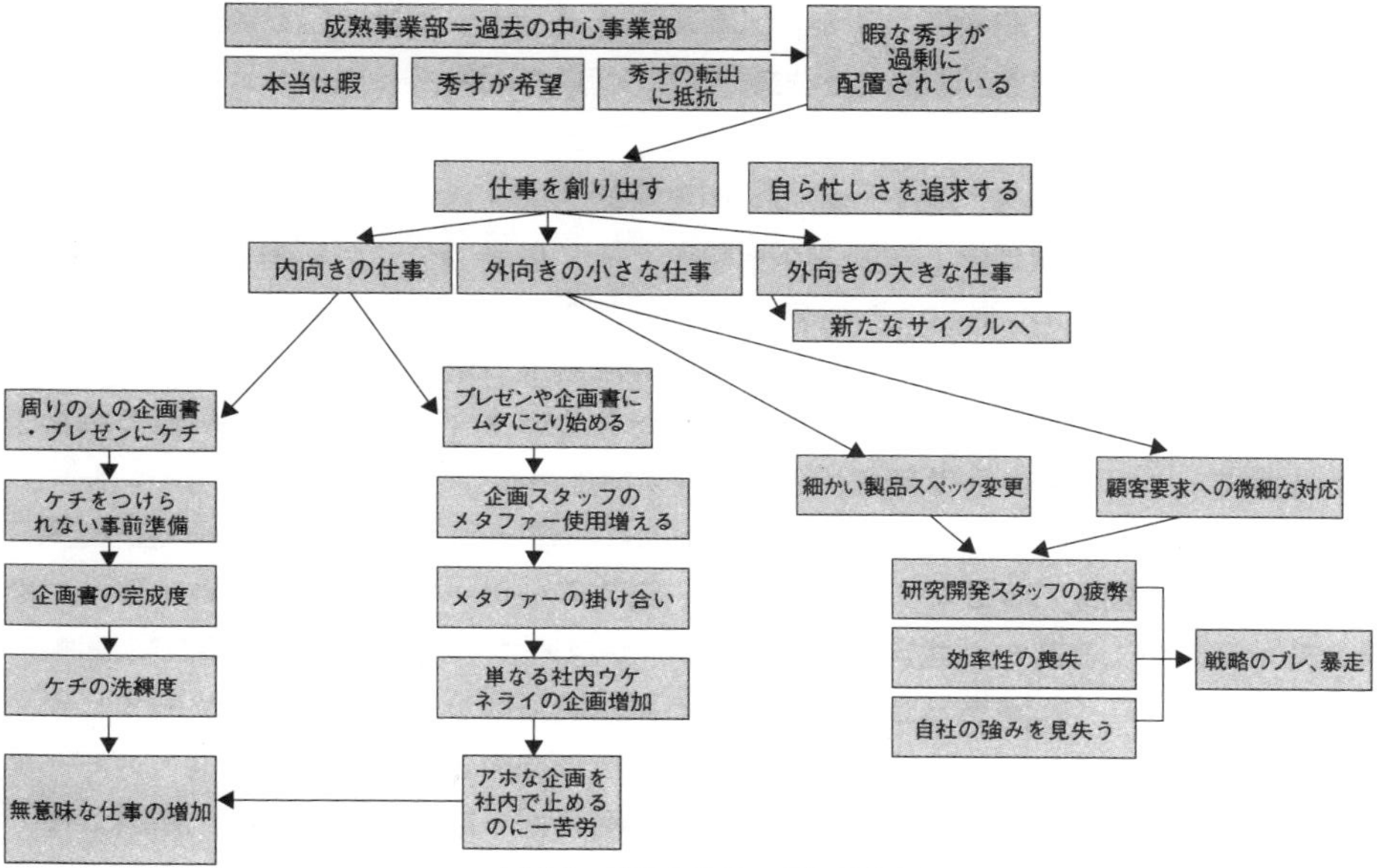
成熟事業部＝過去の中心事業部
本当は暇
秀才が希望
秀才の転出
に抵抗
暇な秀才が
過剰に
配置されている
仕事を創り出す
自ら忙しさを追求する
内向きの仕事
外向きの小さな仕事
外向きの大きな仕事
新たなサイクルへ
周りの人の企画書
・プレゼンにケチ
ケチをつけら
れない事前準備
企画書の完成度
ケチの洗練度
無意味な仕事の増加
プレゼンや企画書に
ムダにこり始める
企画スタッフの
メタファー使用増える
メタファーの掛け合い
単なる社内ウケ
ネライの企画増加
アホな企画を
社内で止める
のに一苦労
細かい製品スペック変更
顧客要求への微細な対応
研究開発スタッフの疲弊
効率性の喪失
自社の強みを見失う
戦略のブレ、暴走

図14　成熟事業部の暇な秀才たち

が向上してしまう。本業で秀才たちがほんの少し腐り始める。

その結果、たとえば企画書の完成度が時と共に高まっていく。事業部内で新製品開発やセールス・プロモーションの企画などについてプレゼンテーションを行なう際に、そのプレゼンテーションそのものの完成度が高くなっていくのである。

企画書の質はそもそも、それを作成する側と読んで批判する側の、双方の人材の質に依存して決まる。聞き手が口うるさければ、その聞き手に合わせて企画立案側も細かいことに精を出すようになる。しかも細かい点までうまくやることのできる能力のある人も多い。こうなると、次回に提出される企画書はますます完成度が高まっていく。批判する側は、完成度の高まった企画書にケチをつけるのだから、ますます枝葉末節の部分を突くケチになっていく。こうして企画書の完成度はますます上がっていく。

しかし、企画書の完成度はある程度までは大切だが、一定レベル以上になるとほとんど実質上の意義は薄れていく。あるレベルを超えていれば、企画書の完成度が上がったからといって、新製品がその分だけ良く売れるとか、セールス・プロモーションの効果が大幅にアップしたりするということはない。九九パーセントまで完成度を高めた企画書でも、九九・九パーセントまで完成度を高めた企画書でも、ほぼ同程度に成功し、同程度に失敗する。だが最後の〇・九パーセントの完成度アップは、仕事量としては極めて大きい。だから自分では「忙しく働いている」と自己満足する。しかしその「忙しさ」の会社への貢献度は著しく小さいのである。

事業スタート初期の頃なら、忙しいからそこまで完成度を高めているヒマはなかったのに、成長後期から成熟期に至ると、このような無意味な完成度アップに費やす時間ができるし、そうしないと企画を認めてもらえないほど組織内の批判が厳しいものになってくる。だから成熟事業部の人たち本人は、「この事業部は本当に忙しい」と思いこんでいる。しかし忙しいのは内向きの仕事で忙しいのであって、その内向きの仕事はヒマな秀才たちが互いに作り合っているだけなのである。成熟事業部の忙しさは、見せかけの忙しさである可能性があるのだ。

†「顧客の声」という罠

「いやそんなことはない。本当に忙しいのだ」と反論する人もいるだろう。たとえば、「成熟期は顧客のニーズが多様化する」という常套句がある。だから、成熟期になっても忙しいのだと言う人がいる。しかし、どの段階でも無限に「新たな顧客ニーズ」を発見することが可能だということを忘れてはならない。「十人十色」なのだから、無限に細かいセグメンテーションをしていけば、製品アイテムを多様化することで、より満足度の高まる顧客がいることは確かである。

問題は、価格とかコストという問題である。いかに世の中の主流が多品種少量生産化しつつあるとはいえ、受注生産でもない限り、すべての人の要求をすべて受け容れるわけにはいかない。製品改良したり、アイテム数を増やすのは、それに見合った利潤増加が可能な場合に限るべきである。

しかしヒマな優秀層は受け身の仕事で満足できない。だから仕事がなければ、自分で創り出してしまう。顧客ニーズの細かな違いを見つけだして、次々と新しい製品改良の企画が完璧なプレゼンテーション資料と共に提出されてくる。製品改良に反映させるべきではない「特殊な顧客」の「特殊なご意見」に従って、次々に製品アイテム数を増やしていけば、知らないうちにフルライン化してしまい、規模の経済が失われたり、コア技術が薄まったり、アイテムの多様化によって在庫回転率が落ちたりする。要するに、顧客の言うことを聞きすぎて、儲からなくなってしまう局面が来る、ということである。

あるいは企業間の取引でも、顧客の要求にどんどんきめ細かく対応していくと、本来自社で作るのが得意ではない製品まで取り扱うようになっていく。長い付き合いをしている顧客企業側の購買担当者からすれば、一社から関連した商品すべてを仕入れられれば確かに楽である。だからこの購買担当者は、「貴方のところで、○○も作っていたら買うのに」

と言ったりする。ここでまた「顧客の声」を聴いてしまった営業マンは、次々に新しい製品の開発要求を開発部門へと送り届けてくる。自社のコア技術から離れ、自社で作っても良いものは出来ないのに、「顧客の声」に対応しようとして、また「顧客の直面している問題にトータル・ソリューションを与える」べく、機軸を離れた製品多様化が自然に進んでいってしまう。戦略がブレ始めるのである。

「いや、これが競争相手との差別化につながり、その結果、現状維持が可能になっているのだ」というのも常套句のひとつである。しかし、競争相手に対しては、少数の人間がじっくり具体的な戦略を練って、それを皆で実行すれば良い。現場を全面的に優秀な人材で固めないと競争相手に勝てないということはない。むしろ現場に優秀でイニシアティブに富んだ人材を過剰に配置してしまっているから、末端の営業マンまでが勝手に自律的に対応し、会社の得意なビジネス・モデルからの乖離が始まり、利益率がどんどん落ちていってしまうということが起こりうる。

それればかりか、現場の営業マンの声が強すぎるがゆえに、研究開発部門の技術者が些末な改良研究で忙しくなりすぎて、その会社本来の強い技術が枯渇していくというケースもある。金の卵を産むアイデアの源泉だったはずの中央研究所の研究員たちが、知らないうちに些末な改良製品の開発労働者になっている会社は少なくないのである。

一部の優秀なプレーイング・マネジャーとその他数多くの忠実な実行部隊の組合せの方が、多すぎるエースたちの集団よりも効率よく動くのである。だから個人よりも組織が強い、というのが経営の基本だったはずだ。多すぎる優秀層の配置は、内部で互いに仕事を作り合い、混乱を作り合うという可能性があることを忘れてはならない。

†腐敗の伝染

「ルールの複雑怪奇化」や「成熟事業部の暇な秀才」といった状況がいま現在自分の組織には当てはまらないから、という理由で安心しきってもらっては困る。なぜなら組織の腐敗は伝染するからである。自分は大丈夫だと思っていても、とりわけ顧客企業や本社が腐敗していると、知らないうちに自分の組織も腐敗していく。だから、「ルールの複雑怪奇化」や「成熟事業部の暇な秀才」が自分の顧客組織や本社等にも見られないかどうかをチェックしておくべきだろう。

とりわけ注意するべき組織は官庁のような公的組織を顧客としてもつ場合である。いままで述べてきたような「ルールの複雑怪奇化」とか「成熟事業部の暇な秀才」といった腐敗のメカニズムは、とりわけ官庁のような公的組織や通信・鉄道・電気・ガス等の事業領域で活動している巨大企業には頻繁に見られる。市場での競争そのものが規律を強いることになるというよりも、むしろルールによる規律が重んじられる傾向が強いからである。

もしこれらの組織が先に腐敗し、その腐敗した組織を見て、「人の振りみてわが振り直せ」と客観的に反省できるのであれば結構なことだ。しかし、実際には、これらの組織が腐り始めると、それらの組織が腐っていることを心の中では馬鹿にしつつも、自分たちの組織にも知らないうちにその腐敗が伝染しているということが起こりうる。

まず顧客＝発注元である公的な組織は、何かを調達しようとする際に、奇妙な組織内ルールが多数あり、そのルールを回避しつつ、本来の業務にとって適切なものを購入するべく、仕事を進めている。このとき、注意するべきことは、この公的な組織は購入するべきモノの選定に時間を費やしているのではなく、そのモノの選定自体は既に終わっているのに、「まさにそれが必要であること」とか「他のメーカーのモノでなくこのメーカーのモノでなければならない必然的な理由」といったものの考案に時間をかけ、その書類づくりに奔走しているということである。

この「理由づけ」をルール通りに行なうために、組織は多様なきれい事で作られた虚構のストーリーをいくつも創り上げる。その虚構のストーリーをたやすく創り上げることのできる人がその公組織では「有能」だと思われ、またそのストーリーづくりに有益な協力のできる「業者の営業マン」が「有能」だと好評を博すことになる。

どれほど腐った組織内の評価であるにせよ、曲がりなりにも顧客が高く評価し、実際、多くの案件を獲得してくる営業マンはやはり有能な営業マンになる。だから、この虚構のストーリーをでっち上げる才能は、納入業者側の組織内でも徐々に評価を高めていくことになる。

当初、その有能な営業マンは、顧客の組織が奇妙なことをやっているという認識をもち、「この組織は腐っている」と内心思っていたかもしれない。「この腐った組織から自分は甘い汁を吸ってやるのだ」と思っていたかもしれない。しかし、この有能な彼（彼女）に続く若い世代は、そこまでのしたたかさを持たずに、「虚構のストーリー」を創り上げたり、手続きを回避する裏技に長けていることが有能さの証しであり、そういう能力を身につけることが企業人として成長することだと思いこんだりする。

さらに深刻なことは、高額の発注を行なう公組織は、業者に天下り先をもつものが多い、という点である。これは世の中で言う「談合」等、不公正な入札などを問題視しているのではない。筆者は、天下りが組織の腐敗を伝染させる重要な契機であることを問題視しているのである。

天下りを引き受けても一見それほどコストはかからない。天下りを引き受けることで来年からも高額の取引を継続しやすくなるのだから、比較的簡単に天下りを引き受ける。

高々、二〜三名の役員給与など、大したものではないのだから。だが、いったん天下った人は、天下り先でどのような行動を始めるのかを考えてみて欲しい。

何もしないで役員給与をもらい続けられるほど強靭な神経のワルは少ない。それなりに「自分は役に立っているのだ」という自己認識を確立しながら、役員給与を受けるのが天下った人にとっても居心地が良いであろう。本当に有能な人で、自分の出身母体以外の組織にも顧客を獲得できるような人であれば問題ないが、通常の天下りは自分の出身母体との関係を強化する程度の貢献しかできない。

そのとき、自分の貢献が大きいように見せるための一つの選択肢は、「キツネの権力」を発揮することである。たとえば「○○電力は先日納入したこのシステムに関して、どうも不満を持っているようだが、会社には直接言ってこない。私にはいろいろ文句を言ってきている。ここは、ひとつ私が行って丸く収めてくるから……」といったような振る舞い方を天下った人がし始める。公組織と業者という二つの世界をつなぐ唯一の橋であることを権力基盤とした、トラの威を借る「キツネの権力」が生み出される。

こうして天下った人が二つの組織の間をいろいろかき回す。かき回された組織には、いろいろな虚構のストーリーが蔓延し始める。「○○電力に直接行って話をするのは止めた方が良さそうだ。あそこから天下ってきたAさんに調停を頼まないと、○○電力側が怒り狂うらしい」とか、「○○電力は、Aさんによると、□□というニーズをもっているのだそうだ。前々から○○電力の有力者がAさんを通じてわが社に要求し続けているものだから、その要求に応えずに、それ以外の試作品を持っていったら、かなりマズいぞ。そんなことをした人の今後の出世は難しくなるだろうな」等々、奇妙な虚構が流れ、多くの人々がその虚構の中で生きていくことになる。

多くの人々が虚構の中で生きていくようになれば、社内で根回しを行なったり、議論を行なう際に、ホンネと建前が乖離しすぎたり、議論が論理的には行なえなくなっていく。社内公論が腐り始めれば、自分が腐っていることを自己診断することも不可能になっていく。初めは腐った顧客側の組織にたかって、したたかに金儲けしようと思っていた本人たちが、知らないうちに腐り始めるのである。

ルールの複雑怪奇化や成熟事業部のヒマな秀才たち、さらにはそこから発生した組織腐敗の伝染等々、組織が腐敗していくプロセスは様々である。おそらくこれ以外にもまだ多数の経路があるに違いない。常に気を付けていれば大丈夫なのだろうが、少し安心しているといつでも組織は腐敗への道をたどる危険性がある。ほんの少しだけ腐敗が進んだという状況は、多くの組織にとって珍しいことではあるまい。はたしてわれわれはこの組織腐敗に対して、どうすれば良いのだろうか。腐敗が進み始めたことをスピーディに気づき、診断し、その対応策を進めるには何をすれば良いのだろうか。その手がかりを最終章で考えていくことにしよう。

第10章　組織腐敗の診断と処方

†診断と処方

組織は時と共に腐っていく傾向がある。しかし腐り続ければ、企業組織は永続できなくなる。雇用を維持するにせよ、理想の技術を追いかけるにせよ、消費者のために奉仕するにせよ、利益がなければ企業は何もできないのだ。だから経営トップは、まず第一に、組織腐敗のプロセスに常に注意を払い、腐敗のシグナルに敏感になっていないとならない。

また第二に、「少し腐ってきたな」と思ったら、その時点で組織改革をトップダウンで行なう必要がある。組織改革をミドルがボトムアップで遂行しようとするから古いルールを廃棄できずに新しいルールが次から次に累積していってしまうのだから、社内の抵抗勢力に何を批判されても頑としてトップダウンで組織改革を行なう決意がトップには必要なのである。

それでは組織腐敗のチェック・ポイントと改革の注意点はどのようなものだろうか。すこし説明を加えておこう。

†組織腐敗のチェック・ポイント①——社内手続きと事業分析のバランス

まず初めに、本社スタッフの一部(総務・人事・経理・企画など)の議論があまりにも手続き論や筋論が多くなってきたら要注意である。手続き論・筋論など、ルールを基礎にした議論は、基本的には内向きに行なわれるのが普通だからだ。しかもこのルールの本則を外れた細則や例外規定の話が出てくるようであれば、深刻である。

またルールに関連した内向きの議論が増えてくると、この種の手続き論・筋論を回避するための裏技が発達してきて、その裏技を開発することが有能さの証になったりする。内向きのマネジメントを巧みに美しく行なおうとする若手が出てきたら、人材育成上も大問題である。若手が皆、内向きのマネジメントの優美さに憧れ、外向きのマネジメントの無骨さを嫌うようになれば、売上は増えないのに、内部の仕事で忙しくなるという最悪の会社組織が完成し、誰もそれを悪い状態だと認識できなくなってしまうのである。

もちろん手続き論・筋論もまったく不要なわけではない。大きな組織になれば、ルールを欠いて運営できるはずがないからである。問題は、この内向きの議論に費やされている時間の割合である。

この時間配分の健全性をチェックするための絶好の例は、新規事業開発であろう。くれぐれも小手先の製品改良を思い浮かべないで欲しい。あくまでも技術や市場が本当に新しい新規事業開発の企画を想定するのである。このときに、その新事業を設立するための技術や流通チャネル、最初の顧客ターゲットなどといった実質的な内容の詰めを考える時間と、社内の手続きを通していくやり方を考える時間の比率を考えてみれば、大体の病状はつかめる。根回しや手続きに悩む時間の方が長かったら、もちろん論外である。実質的な思考の時間が九割、社内手続きが一割といったバランスであれば、おそらく問題ないだろう。実証的根拠はないが、大雑把に言って、この社内の根回しや手続き等が三割以上の時間を占めてくるようになったら、かなり深刻な病状だと考えるべきである。

たとえば社内で新事業開発の企画を正当化するのに、事業内容の検討に六割、社内正当化プロセスに四割の時間を必要とするというのは明らかに病気であろう。社内から出てくる批判の対処に四割も時間をとられていては仕事が遅くなり、また実質的な内容の吟味が浅くなる。

しかも、これほど社内正当化プロセスに時間がかかるのであれば、まともな人は新事業の提案など考えなくなる。新事業を自分で企画すれば多数の批判が降ってきて、推進者は傷つくことになる。周りから出てきた新事業の企画を批判しているだけの方がずっと楽だ。新事業が失敗すれば、「だからあのとき問題点を指摘したのに」と言えば良いし、成功したら「私が事前に重要なポイントを指摘し、それを事前にクリアした案に創り上げていたから成功したのだ」と自分の手柄にすれば良い。こういうフリーライダーのような社内野党が増えてくれば、社内正当化プロセスにかかる時間はますます増加し、それが増加することでますます新規事業の企画は出現しにくくなる。

気をつけるべき点は、既存製品の改良や多アイテム化は容易に進むのに新規事業の提案が深刻に難しくなるという点である。既に顧客があり、「顧客の声」を示すことのできる既存製品の改良・改善案は組織内を通りやすいのである。だからイニシアティブを発揮したがる優秀層の努力が既存の製品のフルライン化へと向かい、本当の新規事業は一切出てこなくなる。既存製品の些末な改良提案が多すぎて、逆に新規事業の提案が少なすぎると感じ始めたら、組織の病を疑うべきであろう。

†組織腐敗のチェック・ポイント②――スタッフたちのコトバ遊び

会社が腐っている可能性を示す二つめの指標は、皆がどれだけ暇であり、その暇がどれほど内向きの仕事に振り向けられているのかをチェックすることである。

たとえば、社員の雑談の質をチェックしてみればよい。フォーマルな意思決定のルートを流れている情報ばかりが会社組織の力を決めているわけではない。実は、会社が優れた意思決定を生みだせるか否かを大いに規定しているのは、社員の間で語られる雑談の質である。立ち話や食堂での会話、飲み屋でのうわさ話、部下を叱りつけた後のフォローのお話等々、会社内では多様な雑談が行なわれている。経営リテラシーの高い会社ではこの雑談の質も高くなるのである。

単に○○専務は□□部長が嫌いだからといった感情論や、当事者が傷つくからといった配慮論などは、レベルの低い内向きの雑談に属する。これに対して、最近調子の良い社内の新事業はなぜ成功しているのか、逆に失敗した事業はどこがダメだったのか、といった外向きの話が、深く分析され、解釈を加えられて、雑談の中で伝えられていく場合には社内の雑談の質が高いと判断するべきであろう。

こういった外向きの高質な雑談が日頃から行なわれている組織では、戦略審美眼が高まり、トップが目指している全社戦略が何であるのか、事業部長が目指している事業戦略の決定的なポイントがどこにあるのか、といったことを従業員が感じ取る感受性が高くなっている。従業員たちが戦略の本質を鋭く感じ取れるようになっていれば、トップも優れた戦略を従業員たちにストレートに投げかけやすくなる。反対に組織内雑談が内向きで、質が悪ければ、トップは会社を方向付けるために表向きのスローガンと本当の戦略を分けるなど、複雑なワザを使い始め、組織自体の複雑怪奇化が止まらなくなってしまう。

ヒマが内向きの仕事に使われ始めていることを知るもうひとつの指標は、主として企画を中心とした本社の戦略スタッフや事業部の商品企画などが、メタファーを多用したコトバ遊びに従事しているか否かという点である。典型的には本社戦略スタッフが、戦略実行の現場をイメージできない空理空論のメタファーで語るようになったら、危ないと考えるべきである。メタファーで語ることは時にすばらしく意味がある。メタファーはいままで当然視してきたことを他のものとの対比で新鮮に眺める手がかりを与えてくれる。行き詰まった思考を解放し、新しい発想を得る視点転換を促進する上でメタファーは有用なのである。

しかし、メタファーばかりが飛び交うようになると本当に問題だ。実態から遊離したコトバ遊びの経営企画が横行し始めてしまう。いかに儲けるか、どこで利益を出すのか、といった実質的な議論ではなく、メタファーがメタファーを呼ぶ議論の応酬は時間の浪費である。そのうち、「どうやって競争相手に勝つか」といったことよりも、「どうやって気の利いたメタファーを社内で流行らせて、社内の注目を集めるか」といったことに努力が傾けられるようになっていく。社内のウケは取れても、利益とは関係ない努力である。

この種の空論が本社の戦略企画にはびこるようになっているということは、本社スタッフがヒマだということを表わしている。利益責任を負わない本社スタッフがメタファー遊びを始めたら、自分のコトバに酔っているだけの思慮を欠いた悲惨な企画が多数出てくる可能性が高い。そうなると、その悲惨な企画をストップするために多数の人材の貴重な時間が費やされる。内向きの仕事で組織の力が減衰していくのである。

†腐敗からの回復

いったん最悪の事態にまで至ったら、どうすれば良いのだろうか。これまでの議論から明らかなように、ポイントは三つある。まず第一に複雑怪奇化したルールや手続き等は全面的に破壊するべきだということである。第二に、成熟事業部から優秀な若手を乱暴に引き抜き、新規事業等、外向きの意識になる仕事へ就けることだ。そして最後に、忙しさと暇のメリハリをはっきりつけるような組織運営を心がけることである。それぞれ簡単に解説しておこう。

まず第一に、既存の秩序をできる限り徹底的にきれいに破壊することである。複雑怪奇化してしまったルールや不文律、手続き等々、一回すべて白紙に戻してしまうほど、思い切った破壊が必要である。間違っても現状の改善などを目指してはいけない。むしろ全面的破壊に近い方が却って望ましいのである。そのためには事業部長クラスの人材の大規模な人事異動も必要であろう。事業部内出身者では気がつかない複雑なルールと内向きな仕事の気持ち悪さに、他事業から来た人は容易に気づくからである。

もちろん「重要な伝統もある」とか「社員に与える不安感が心配だ」などといった消極論にも一理ある。しかし、このあたりまで組織が腐敗してしまったら、回復軌道に乗る唯一のチャンスはトップ・ダウンによる乱暴な現状破壊しかないのである。上のような症状が表われている会社では、「トップが乱暴なことをして社内が混乱している」というのは極めて適切なのである。逆に、事態がここに至ってもなお、「和をもって貴しとなす」などと言っていれば回復の見込みは限りなくゼロに近づいていってしまう。

第二に、この既存秩序の破壊に伴って、社員たちの注目が一時的に社内に向いてしまうのを、新規事業の開発や既存事業の利益水準の回復へと向ける必要がある。そのためにはおそらく二つのステップが必要だろう。まず第一ステップでは、既存秩序を破壊し、新しい組織デザインへと移行するシナリオについて、コア人材たちに極めて明解な論理で説明することである。この説明は文書ではなく、人から人に懇々と語り伝えていくしかないだろう。そうすることで社内の経営リテラシーの水準を高めることもできるし、可能な限り早く組織の内向きな話を打ち切りにすることもできる。

組織デザイン等の話はすぐに内向きの議論に堕していく可能性が高い。組織デザインはポストの数を規定し、ポストの数は人への配慮の問題に結びつく。だから、組織デザインの議論は諸刃の剣である。すぐに内向きの議論に転化してしまう可能性が高いのだ。それゆえ第二ステップでは、できる限り簡潔に組織デザインの話を切り上げて、社員の意識を外向きに無理矢理方向づけなければならないだろう。単に既存秩序を破壊しても、社員たちの議論が内向きのままでは本当の意味での改革は成功しないのである。

組織を破壊すると同時に、かなり思い切った若手の人事異動を行なう必要がある。成熟した本業部門・保守本流部門に過剰に配置されていた優秀な若手を乱暴なまでに引き抜いて、新しい事業を開発するプロセスに無理矢理従事させたり、既存事業の利益性を改善させる戦略プロジェクトに従事させる必要がある。もちろん単に議論のためのプロジェクトではなく、実行のためのプロジェクトである。社内の雑談や議論の多くが内向きのものではなく、外向きのものになるように方向づけなければならない。

第三の改革ポイントは、暇と忙しさのメリハリをつけることである。暇な人と忙しい人のメリハリを付けると言い換えても良い。優秀層とそれ以外を明確に分けてしまうことを恐れてはいけない。ここまで組織が腐ってしまったら、優秀層を際だたせてしまって被る組織内のマイナスなどほとんど無に等しい。

ここで注意しなければならないのは、まず組織内の業務改善で暇になる人が優秀者であるように気をつけるべきだということである。仕事の出来ない人を暇にすると、皆がまた忙しそうなフリをしたがってしまう。仕事がデキル優秀者ほど、暇な時間をもつようになり、新事業開発や更なる省力化など、利益に直結する新しい仕事を考案できるようになると共に、そのように外向きに方向づけられる、という循環が出来上がるように目指すべきであろう。

優秀層を保守本流の成熟事業部内に過剰に投入し、内向きの議論に明け暮れながら、小者化していかせるべきではない。彼（彼女）らこそ、新規事業開拓を自ら考案し、自ら実践していく作業に投入し、新しい時代を創造するプロセスの中で大きな人間に育成していくべきなのだ。「いや、最近の若い世代は……」などと嘆いてはいけない。他に頼る人などいないのだ。この人たちの肩にわれわれの未来すべてがかかっているのである。

あとがき

本書は筆者が雑誌『プレジデント』に連載したエッセーを中心とし、そこにその他の雑誌(『松下幸之助研究』)に掲載されたものも加え、大幅に書き足し、書き直すことで作成されたものである。雑誌『プレジデント』の編集者、長田貴仁さんにいつも励まされながら、なんとか毎回書き進んでいくうちに、一冊の本を作る土台程度の分量がたまっていった。また連載の開始早々に、「書きためて本にしたらどうか」とちくま新書の山野浩一さんに勧めていただいた。脱稿後は、同じくちくま新書の増田健史さんにお世話になった。彼らとの出会いがなければ本書はでき上がらなかった。良き縁に心から感謝したい。また雑誌からの転用を心よく許可して下さったプレジデント社とＰＨＰ総合研究所にも心から感謝したい。

雑誌『プレジデント』に連載したとは言っても、単独の連載をもつほどの有名人でもなければ筆力もない。同じ勤務先に所属する他の三人の先輩方と一緒に書いて、一年に六回(二ヶ月に一回)の執筆機会に間に合わせるだけで精一杯だった。ただし、一回当たりの制限字数は四〇〇字詰め原稿用紙換算で一〇枚程度であり、筆者には若干物足りない。少ない制限字数では言い足りなかった部分や書き漏らした問題もでてくる。もともと筆をとりだすと長めになってしまう筆者は「本にするときには、そういう部分がないようにしよう」と当初から考えていた。だから各章は少なくともオリジナルの倍程度の分量に書き足されている。

連載の当初は戦略論と組織論の両方のトピックスを適度にばらつかせて取り上げるつもりだったのだが、次第に組織論にテーマを絞るようにしていった。「はじめに」にも書いたように、日本的な組織を内側から運営する責任者になったつもりで、何に気を付けるべきかを明らかにするという仕事をしたかったからである。

日本的経営とか日本型組織といったものの礼賛も否定も、いわば外側から見た日本型組織を評論家的に、野党的に論評しているだけで、「いろいろダメな面もあることが分かっている組織をどうやって運営していけば良いのか」という疑問には答えてくれていない。野党的な論評は改革につながらないことを日本社会はそろそろ深刻に自覚するべきではなかろうか。

必要なのは当事者の立場に立ち、前向きに進むためには厳しい自己批判をも辞さない強靭な精神であって、安全な外側の立地を確保した上で行なう野党的な批評精神ではない。

自ら責任を負い、矢面に立って改革の決断を行なっていくつもりの人々がものを考える際の手がかりを本書が若干でも提供できていれば幸いである。

連載を始めてから、最も喜んで読んでくれた読者は、おそらく父、功《つとむ》であったと思う。地元の商業学校を卒業して航空隊に志願入隊したものの三ヶ月程度で終戦を迎えた父は、その後、停年まで国鉄の経理畑を歩き、退職後も日本基礎技術及びその子会社の日友機工という小さな会社で六七歳まで働き続けた。わがままな息子とは対照的に、父は良き組織人であり、良き大人であった。それゆえ、いろいろな場面で大人の生き方のお手本を見せてもらった。

たとえば筆者が大学を卒業後、会社に就職するのではなく、大学院に進学したいと言い始めたときも、父は反対しなかった。そのかわり、自分の面倒を自分で見るようにと強く言われた。つまり一切の資金援助はしない、という意味である。カネに困り、麦だけ炊いて飢えをしのぎながら勉強したこともある大学院時代には、父の厳しさを恨んだこともあった。

しかしその後職業に就いて曲がりなりにも経済的に自立した大人として生きていく中で、幾度となく当時を思い返し、いろいろな解釈を重ね、ひとつの深い経験が形作られていった。あのとき父が厳しい態度をとってくれていなかったならば、自分は甘えた人間のままだったのではないか。

若干の仕送りをすることくらいはそれほど難しいことではない。しかし、目先の辛さに「かわいそうだ」と言って甘い態度で接することは、一見優しそうに見えながら、その実、息子の人間としての成長を阻害することになる。厳しい態度で臨むことは、短期的には批判され、恨みごとを言われるかもしれないが、そういうときこそ大人としての毅然とした態度が必要だ。言い訳じみた「後日談」的なことを何一つ言わなかった父と、その後、この件で話したことはない。しかし、就職し、結婚し、親になり、といった人生を歩んでいくなかで、父の思考と気持ちを理解できるようになってきた。それこそ、「痛い」と思うほどに。

末期ガンの告知を受けたときも父は毅然としていた。自分のことよりもまず母を気遣った。母同様に狼狽《うろた》えていた息子は、治療法についていろいろ調べて、それぞれのメリットとデメリットを整理することはできた。しかし、父に抗ガン剤治療を勧めるべきか否か、最期まで悩み、筆者は決断できなかった。そのとき父は、「いつまでも決めないわけにはいかない。どこかで右に行くか、左に行くかを必ず決めなければならない」と言って粛々と決断を下し、そしていったん決断を下した後は不平も後悔も一切口にしなかった。

最期まで自分のことは自分で責任を取り、自律した人間として毅然として生きていた父と二〇〇一年の一二月二日にお別れをした。父との別離は深い悲しみではあるが、逆にこの世で父に出会えたこと、父に育ててもらったことを幸福として考えるべきなのだろう。
本来であれば父の闘病中に、父を励ますために一冊の本として仕上げるつもりだった。いつもながらスケジュール管理が出来ず、仕事の遅い筆者はまたしても遅れてしまった。それでもどうにか出版にこぎ着けた本書を亡き父に捧げることにしたい。

二〇〇三年二月一日

沼上　幹

読書のすすめ

アカデミックな本であれば本来参考文献を付けるべきかもしれないが、残念ながらすべてを挙げるスペースはなく、しかも本書は啓蒙書の部類に入るのだから、むしろこれから先の読書案内にもなりそうなリストの方が適切であろう。それゆえ、本書でも参考にし、日本語で読めて、しかも現在入手可能で、組織の問題について考えていく人にお勧めできる文献をいくつかご紹介させていただくことにする。(逆に、マーチ&サイモン『オーガニゼーションズ』ダイヤモンド社やHirschmanの *Exit, Voice, and Loyalty* など、大いに参考にしていながらも、現在邦訳本が入手不可能なものは割愛させていただいた。)

アリソン、G.(宮里政玄訳)『決定の本質』中央公論新社、一九七七年

クリステンセン、C.(玉田俊平太監修・伊豆原弓訳)『イノベーションのジレンマ――技術革新が巨大企業を滅ぼすとき』翔泳社、二〇〇一年(増補改訂版)

コリンズ、R.(井上俊・磯部卓三訳)『脱常識の社会学――社会の読み方入門』岩波書店、一九九二年

ゴールドラット、E.M.(三本木亮訳)『ザ・ゴール――企業の究極の目的とは何か』ダイヤモンド社、二〇〇一年

苅谷剛彦『知的複眼思考法』講談社、一九九六年

葛西敬之『未完の国鉄改革』東洋経済新報社、二〇〇一年

河野仁『〈玉砕〉の軍隊、〈生還〉の軍隊――日米兵士が見た太平洋戦争』講談社選書メチエ、二〇〇一年

ラヴジョイ、A.O.(鈴木信雄・市岡義章・佐々木光俊訳)『人間本性考』名古屋大学出版会、一九九八年

マズロー、A・H・（小口忠彦訳）『人間性の心理学――モチベーションとパーソナリティ』産業能率大学出版部、一九八七年
ミルグラム、S・（岸田秀訳）『服従の心理――アイヒマン実験』河出書房新社、一九八〇年
小倉昌男『経営学』日経BP社、一九九九八年
オルソン、M・（依田博・森脇俊雅訳）『集合行為論』ミネルヴァ書房、一九八三年
大江志乃夫『日本の参謀本部』中公新書、一九八五年
三枝匡『V字回復の経営』日本経済新聞社、二〇〇二年
サイモン、H・A・（稲葉元吉・吉原英樹訳）『新版　システムの科学』パーソナルメディア、一九九六年

ちくま新書
396

組《そ》織《しき》戦略《せんりやく》の考《かんが》え方《かた》
——企業経営《きぎようけいえい》の健全性《けんぜんせい》のために

二〇〇三年三月一〇日 第 一 刷発行
二〇一八年八月三〇日 第二五刷発行

著　者　沼上 幹（ぬまがみ・つよし）
発行者　喜入冬子
発行所　株式会社 筑摩書房
東京都台東区蔵前二-五-三 郵便番号一一一-八七五五
電話番号〇三-五六八七-二六〇一（代表）
装幀者　間村俊一
印刷・製本　株式会社 精興社

ISBN978-4-480-05996-3 C0234

ちくま新書

002 経済学を学ぶ　岩田規久男
交換と市場、需要と供給などミクロ経済学の基本問題から財政金融政策などマクロ経済学の基礎までを現実の経済問題にそくした豊富な事例で説く明快な入門書。

003 日本の雇用——21世紀への再設計　島田晴雄
成長の鈍化、人口の高齢化、情報化社会の進展など、メガ・トレンドの構造変化とパラダイム転換を視野におさめつつ、今後の日本の雇用と賃金のあり方を提言。

135 ライフサイクルの経済学　橘木俊詔
人生のコストはどのように計算できるのだろうか。誕生から教育や結婚、労働を経て死に至るまで、ライフサイクルを経済的視点から分析した微視的経済学の試み。

194 コーポレート・ガバナンス入門　深尾光洋
かつて強かった日本企業はなぜ弱くなったのか。会社制度の原理に遡り、国際比較や金融のグローバル化などの視点を踏まえて、日本型システムの未来を考える。

201 売れ筋の法則——ライフスタイル戦略の再構築　飽戸弘
極度の不況にもかかわらず、ヒット商品は続々と世に出ている。そこにはどんな秘密が隠されているのか。多様化し個性化する消費者の気分を実例に即して読みとく。

214 セーフティーネットの政治経済学　金子勝
リストラもペイオフも日本経済の傷を深くする。「自己責任」路線の矛盾を明らかにし、将来不安によるデフレから脱するための〝信頼の経済学〟を提唱する。

225 知識経営のすすめ——ナレッジマネジメントとその時代　野中郁次郎　紺野登
日本企業が競争力をつけたのは年功制や終身雇用の賜物のみならず、組織的知識創造を行ってきたからである。知識創造能力を再検討し、日本的経営の未来を探る。

ちくま新書

263
消費資本主義のゆくえ
——コンビニから見た日本経済
松原隆一郎
既存の経済理論では説明できない九〇年代以降の消費不況。戦後日本の行動様式の変遷を追いつつ、「消費資本主義」というキーワードで現代経済を明快に解説する。

300
勇気の出る経営学
米倉誠一郎
グローバル・スタンダード、IT等、二十一世紀を迎え日本企業が対応すべき問題が山積している。経営史とイノベーションの視点から明快な方向性を提示する。

306
「才人」企業だけが生き残る
井原哲夫
今までの日本型企業システムはもう通用しない！ 厳しい市場競争を勝ち抜くためには、「才人」を活かせるかどうかがカギになる。近未来社会を占う刺激的な一冊。

336
高校生のための経済学入門
小塩隆士
日本の高校では経済学をきちんと教えていないようだ。本書では、実践の場面で生かせる経済学の考え方をわかりやすく解説する。お父さんにもピッタリの再入門書。

337
転落の歴史に何を見るか
——奉天会戦からノモンハン事件へ
齋藤健
奉天会戦からノモンハン事件に至る34年間は、日本が改革に苦しんだ時代だった。しかしそれは敗戦という未曾有の結末を迎えることになる。改革はなぜ失敗したのか。

340
現場主義の知的生産法
関満博
現場には常に「発見」がある！ 現場ひとすじ三〇年、国内外の六〇〇〇工場を踏査した〝歩く経済学者〟が、現場調査の要諦と、そのまとめ方を初めて明かす。

350
誰にも知られずに大経済オンチが治る
三輪芳朗
銀行の貸し渋りも日本沈没論も誤解だらけ。日本経済特殊論を切って捨て「市場」の役割を明快に説明する「そうか、そうだったのか」の経済学痛快入門。

ちくま新書

352 誰のための金融再生か ——不良債権処理の非常識　山口義行

日銀がおカネをジャブジャブ流しても、金融機関の貸し渋りが続くのはなぜなのか。金融政策の誤りを明らかにし、中小企業・中小金融を基点とした改革を提唱する。

358 長期停滞　金子勝

現在の日本は大恐慌期以来の七〇年ぶりの世界同時不況の真っ只中にある。小手先の政策はもはや通用しない。歴史考察を通じて「信頼」回復の道を説く注目の書。

378 希望のビジネス戦略　金子勝　成毛眞

デフレ不況が深刻化する中で、企業は一体、どうすればいいのか？　生き残る秘策とは？　現実を直視した上で語られる本当の希望、真のビジネス戦略がここにある！

385 世界を動かす石油戦略　石井彰　藤和彦

世界最大のエネルギー源・石油は、政治と経済の重大なテーマである。世界情勢が緊迫する中、国際石油市場はどのように変わるのか。石油は世界をどう変えるのか。

388 「勝ち組」企業の七つの法則　森谷正規

企業活動の成功と失敗は、どこに分かれ目があるのか。戦略的視点から見るにはどうすればよいか。個別の日本企業の実例分析を通して勝ち抜くための秘訣を考える。

401 独立して成功する！「超」仕事術　晴山陽一

三人の家族を道づれに、四十代後半でサラリーマン生活に終止符を打ち、筆一本で独立した男の果敢なる挑戦物語。これが成功への道を開く晴山流スーパー仕事術だ！

403 自分を守るための年金知識　木村陽子

年金制度が危機に瀕している。高齢者の増加、少子化による人口構造の変化、家族形態の多様化に対し、年金はどう変わるか。現状、問題点、改革のポイントを示す。